Découvrez l'histoire par les archives de presse

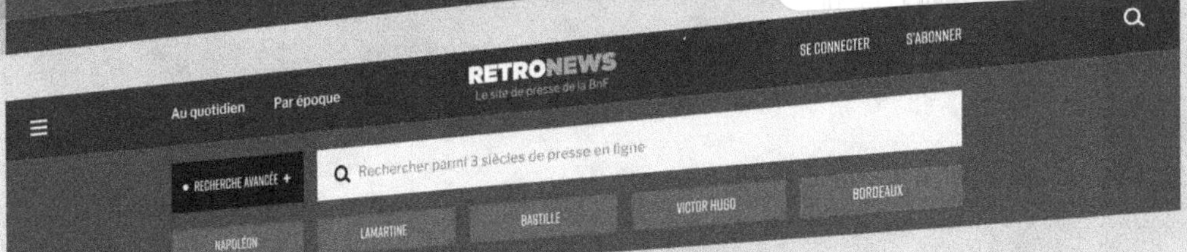

RETRONEWS

Le site de presse de la BnF

www.retronews.fr

SUPPLÉMENT AUX *ÉTUDES*

MONITEUR BIBLIOGRAPHIQUE

DE LA

COMPAGNIE DE JÉSUS

*Catalogue des ouvrages publiés par les Pères de la Compagnie de Jésus
et des publications d'auteurs étrangers relatives à la Compagnie.*

1891

PREMIER SEMESTRE : JANVIER-JUIN

NUMÉRO 6

RÉDACTION

A PARIS, RUE MONSIEUR, 15

OCTOBRE 1892

ERRATA

Des Fascicules précédents

1890 (1er Sem.).

Nº 283. — L'auteur Rev. John Conway n'est pas de la Compagnie.

1890 (2e Sem.).

Nº 58. — Geloop, *lisez :* Geloofs.
  97. — Terven, *lisez :* Sterven.
  118. — 3 vol. in-18, *lisez :* 3 vol. in-8.
  156. — P. Murgados, *lisez :* P. Murgadas.
  176. — P. Hugues, *lisez :* P. Hughes.
  253. — 1849, *lisez :* 1749.
  314. — *Ajoutez :* (P. Victor Delaporte).
  317. — 3º Paroy, *lisez :* Parvy.
  320. — Traduit de l'allemand, *ajoutez :* par le P. Casimir Riedl.
  378. — Bliksen, *lisez :* Bliksem.
  426. — P. Kiang, *lisez :* P. Kiong.
  533. — *L'auteur est le* P. Fidèle Savio, *de la province de Turin.*

TABLE DES NOMS. — Hugues, *lisez :* Hughes.
Kiang, *lisez :* Kiong.

N.-B. — On voudra bien excuser diverses autres fautes moins importantes,
qui se sont glissées surtout dans les mots étrangers.

SUPPLÉMENT AUX FASCICULES PRÉCÉDENTS

Théologie

1. — **Bibliotheca Theologiæ et Philosophiæ scholasticæ.** Summa philosophiæ ex variis libris D. Thome Aquinatis, doctoris angelici in ordinem Cursus Philosophici accommodata a Cosmo Alamanno S. J. — P. Franciscus EHRLE. — Edit. juxta alteram Parisiensem Vulgatam a canonicis regularibus Ord. S. Aug. Congregationis gallicanæ, adornata à Francisco BERINGER, S. J. presb. *Tomi II, sectio III : Physicæ, pars secunda.* — In-4° de 256 pages. Paris, Lethielleux, 1890.

2. — **Bibliotheca Theologiæ et Philosophiæ scholasticæ.** Summa philosophiæ ex variis libris D. Thomæ Aquinatis doctoris angelici in ordinem Cursus Philosophici accommodata a Cosmo Alamanno, S. J. — P. Franciscus EHRLE. — Edit. juxta alteram Parisiensem Vulgatam a canonicis regularibus Ord. S. Aug. Congregationis gallicanæ, adornata ab Augustino BRINGMANN, S. J. — *Tomi II, sectio IV. — Physicæ, pars tertia.* In-4° de 405 pages. Paris, Lethielleux, 1890.

3. — **Disquisitiones scholastico-dogmaticæ,** vol. III. — P. Valentin CASAJOANA. In-4 de 683 pages. — Barcelona, Subirana, 1890.

4. — **Catéchisme à l'usage du vicariat apostolique de Madagascar.** In-32 de 84 pages. — Tananarive, mission catholique, 1890.

5. — **O Chrysostomo Portuguez,** tom. V, sermoes populares e praticas espirituaes. — [P.-A. HONORATI]. In-8 de 722 pages. Lisboa, Tavares Cardoso, 1890.

6. — **Le Don de la Pentecôte.** Méditations sur le Saint-Esprit. — P. Maurice MESCHLER. In-8 de 338 pages. Fribourg-en-B., Herder, 1887.

7. — **La Vie de Notre-Seigneur Jésus-Christ** en méditations — P. Maurice MESCHLER. 2 vol. in-8 de 500 et 600 pages. Fribourg-en-B., Herder, 1890.

8. — **Praxis et brevis declaratio viæ spiritualis** prout eam nos docuit S. P. N. Ignatius. Auctore R. P. Ludovico de PALMA, S. J. — Ex hispano vertit R. P. Jacobus DYCK. In-12 de XIV-230-VI pages. Reimpressum typis Collegii Staraviensis, 1889.

9. — **Het geestelijk Paradijs** (*Le Paradis spirituel*). — P. Charles BEGHIN. In-24, 1890.

10. — **Het Rijk der Hemelen.** Brieven aan mijnen broeder (*Le royaume des cieux. Lettres à mon frère*). — P. Jean-Baptiste VAN DER AA. In-16 de 256 pages. — Louvain, Istas, 1890.

11. — **Dieci glorie di S. Luigi Gonzaga** (*Les dix gloires de Saint-Louis de Gonzague*). — P. Alexis NARBONE. Nouvelle édition par le P. Louis NANNERINI. Petit in-18 de VIII-248 pages. Rome, tipogr. editrice romana, 1888.

12. — **Œuvre des retraites d'hommes** à la maison du Sacré-Cœur de Montbeton. — [P. PAUL GENESTOUT]. In-8 de 22 pages. Uclès, 1890.

   Extrait des *Lettres d'Uclès*.

13. — **Œuvres des Ecoles apostoliques.** Ecole de Littlehampton. — [P. Joseph HEINRICH]. In-18 de 40 pages. Abbeville, Paillart, 1890.

14. — **Mamerti Claudiani vita ejusque doctrina de anima hominis.** — Thesim Facultati Litterarum Parisiensi proponebat R. de la Broise. — P. René de la BROISE. In-8 de XXVI-224 pages. Paris, Retaux, 1890.

15. — **Die Rechte unserer Kleinen** oder Grundsätze über Erziehung in Katechetischer-Form (*Les droits de nos petits, ou principes d'éducation, en forme de catéchisme*). Autorisirte Uebersetzung. — P. Jacobus CONWAY. In-16 de IV-44 pages. New-York, Benziger brothers, 1890.

16. — **Kann ein Katholik Socialdemokrat sein?** (*Un catholique peut-il être socialiste?*) 7ᵉ édition. — P. Louis VON HAMMERSTEIN. Brochure in-32 de 55 pages. Berlin, librairie de la Germania, 1890. Prix : 10 pfennig.

17. — **Zur Lebensweise der gelbrothen Säbelameisé** (*Stron-gylognathus testaceus*). (*Du genre de vie de la fourmi à sabre*). — P. Eric WASMANN.

Natur und Offenbarung, 1890.

18. — **Neue myrmecophile staphyliniden aus Brasilien.** (Mit einer Tafel). (*Nouveaux staphylinides myrmécophiles du Brésil. Avec planche*). — P. Eric WASMANN.

Deutsche Entomologische Zeitschrift, 1890.

19. — **Apteranillus Foreli**, n. sp. — P. Eric WASMANN.

Deutsche Entomologische Zeitschrift, 1890.

20. — **Sur quelques séries de points remarquables dans le plan du triangle.** — P. Auguste POULAIN.

Art. du journal belge « Mathesis », nov. 1890.

21. — **Observatoire royal de Madagascar.** Résumé des observations météorologiques faites à Tananarive par le R. P. Elie COLIN. Petit in-8 de 56 pages. Tananarive, imprimerie de la *Mission catholique*, 1890.

22. — **Observatorio meteorologico de Manila.** Observaciones magneticas verificadas por el P. Martin JUAN en la Paragua, Jolo y Mindanao, 1888.

Observaciones meteorologicas verificadas en el mes de abril-mayo-junio-julio-agosto-set^e-oct^e-nov^e de 1890. 8 fasciculos.

23. — **Spectroscopie notes and queries** (*Notes et recherches spectroscopiques*). — P. Louis CORTIE.

Monthly notices Royal astronomical society, nov. 1890.

24. — **The spectra ofsun-spots between B and D** observed in 1882-1889 (*Le spectre des taches du soleil entre B et D observées de 1882 à 1889*). — P. Louis CORTIE.

Monthly notices Royal astronomical society, déc. 1890.

25. — **Kœnig's superior bents.** — P. Walter SIDGREAVES.

Nature, 6 nov. 1890.

26. — **La légende de Saint-Alexis.** — P. Albert PONCELET.

Science catholique, 15 sept. 1890.

27. — **Trois lettres de Tell El-Amarna.** — P. Alphonse DELATTRE. In-8 de 8 pages. London, Harrisson and sons, 1890.

Reprinted from the *Proceedings of the Society of biblical archeology*, déc. 1890.

28. — Kirchensiegel des mittelalters (mit Lichtdruck). — Tafel XI und XII. (*Les sceaux des Eglises au moyen âge*). — P. Étienne BEISSEL.

Zeitschrift für christliche Kunst, sept. 1890.

29. — Der Taufbrunnen des Domes zu Hildesheim : mit abbildung (*Le Baptistère de la cathédrale d'Hildesheim, avec dessins*). Die malerische Ausstattung der Kirche zu Anholt. — P. Étienne BEISSEL.

Zeitschrift für christliche Kunst, déc. 1890.

Littérature.

30. — Elementos de grammatica Tetense. Lingua chy-nyai ou chi-nyungwe. — P. Victor COURTOIS. In-8 de 160 pages.
Moçambique, imprensa nacional, 1889.

31. — Dictionnaire français-arabe, 1re partie. — P. Jean-Baptiste BÉLOT. Beyrouth, impr. catholique, 1890.

32. — Livr Cânnenneu eid Escopty Guéned (*Livre des cantiques bretons du diocèse de Vannes*), avec les airs notés. — PP. Pierre LARBOULETTE et Louis CAUDAL. In-18 de 40-110 pages. Vannes, Galles, éditeur, place de l'Hôtel-de-Ville, 1888.

33. — Practica quædam de lectione ad mensam. In-8 de 22 pages. Staraviesiæ, typis collegii Patrum S. J., 1889.

34. — Het Jaarboekji von Alberdingk Thym. Almananak von Nederlandsche Katholieken (*L'Annuaire d'Alberdingk Thym. Almanach pour les catholiques de Hollande*). Anno Dnl 1891. Fascic. XI-1. — P. Jean ALBERDINGK THYM et J. F. M. STERCK (laïque). In-12 de LV-274 pages. Amsterdam, C. L. Van Langenhuysen, 1890. Prix : Fl. 0.70.

35. — Nieuwe verklaring van ons Notenstelsel, in het belang van eerstbeginnenden (*Nouvelle explication de notre système de notes, à l'usage des commençants*). — P. Louis DE SONNAVILLE. In-8 de 10 pages. — Katwijk A/R, 1890.

PUBLICATIONS D'AUTEURS ÉTRANGERS

RELATIVES A LA COMPAGNIE

36. — **Livre d'or des élèves du Pensionnat de Fribourg-en-Suisse, 1827-1847**. Nouvelle édition. In-8 de LXXXVIII-454 pages. Montpellier, imprimerie Louis Grollier, 1889.

> Un compte rendu de cet ouvrage a paru dans la partie bibliographique des *Etudes* du 31 août 1891.

37. — *Literarisches Central blatt für Deutschland*, nº 43 (le 18 octobre) col. 1511-1512. Cette revue hebdomadaire nullement catholique contient une critique très favorable à la Compagnie, signée A. S. — Editeur (rédacteur) : Dr Fr. Zarnke. — Leipzig, Ed. Avenarius, 1890.

MONITEUR BIBLIOGRAPHIQUE

DE LA COMPAGNIE DE JÉSUS

1891

JANVIER-JUIN

THÉOLOGIE

ÉCRITURE SAINTE

38. — Cursus scripturæ sacræ, auctoribus S. J. presbyteris. — Commentarius in Danielem, Lamentationes et Baruch. — P. Joseph Knabenbauer. In-8 de 524 pages. Paris, Lethielleux, 1891. Prix : 8 fr. 50.

39. — Id. — Commentarius in S. Pauli epistolas ad Corinthios alteram et ad Galatas. — P. Rodolphe Cornély — In-8 de 619 pages. Paris, Lethielleux, 1891. Prix : 11 francs.

40. — Historicæ et criticæ introductionis in U. T. libros sacros compendium S. theologiæ auditoribus accommodatum, auctore Rudolpho Cornély, S. J. Editio altera, commentariolo de inspiratione aucta cum approbatione superiorum. In-8 de 660 pages. Paris, Lethielleux. Prix : 9 francs.

41. — Bulletin scripturaire. — P. Joseph Brucker.

Études, mai 1891.

42. — La Pâque de Notre-Seigneur au Jeudi-Saint. — P. Sydney Smith.

Month, mars 1891.

43. — Il sermone di N. S. G. C. dopo l'ultima Cena esposto alla pietà dei fideli *(Le sermon de N.-S. J.-C. après la dernière cène, exposé à la piété des fidèles).* — P. Alexandre Gallerani. In-8° de 168 pages. — Valle di Pompei, Scuola tip. editrice Bartolo Longo, 1891.

44. — **The hommage of Christ**. The King (I Cor., XV, 28) (*L'hommage du Christ. Le roi*). — P. Charles COUPE.

Dublin review, avril 1891.

LITURGIE

45. — **Compendium ceremoniarum** sacerdoti et ministris sacris observandarum in sacro ministerio. — P. Melchior HAUSHERR. — Editio 3a, emendatior. P. Augustin LEHMKUHL. — In-12 de XII-178 pages. Fribourg, Herder. Prix : Mk 1.50.

46. — **Des hl. Bernward Evangelienbuch im Dome zu Hildesheim, mit handschriften des 10e und 11e Jahrhunderts in Kunsthistorischer und liturgischer Hinsicht verglichen**. — P. Etienne BEISSEL. — mit XXVI unveränderlichen Lichtdrucktafeln herausgegeben von G. Schrader, Pfarrer zù Göttingen und F. Koch, Domvicar in Hildesheim. — (*Evangéliaire de St-Bernward, dans la cathédrale d'Hildesheim, avec manuscrits des 10e et 11e siècles*). 2e édition avec 5 planches. — In-4 de VI-71 page s. Hildesheim, Lax. Prix : 12 Mk.

47. — **Sequentiæ ineditæ**. — Liturgische Prosen des Mittelalters, aus Handschriften und wiegendrucken (*Les proses liturgiques du moyen âge, tirées de manuscrits et d'incunables*). 3e suite. — P. Gui-Marie DREVES. (Xe série). In-8 de 336 pages. Leipzig, Reisland. Prix : 10 Mk.

48. — **Hymni inediti**. — Liturgische Hymnen des Mittelalters, aus Handschriften und Wiegendrucken (*Hymnes liturgiques du moyen âge, tirées de manuscrits et d'incunables*). 2e suite. — P. Gui-Marie DREVES. (XIe série). In-8 de 274 pages. Leipzig, Reisland.

49. — **Petri Abaelardi peripatetici palatini hymnarius Paraclitensis** sive hymnorum libelli tres. Ad fidem codicum Bruxellensis et Calmontani. — P. Gui-Marie DREVES. In-8 de 292 pages. Paris, Lethielleux.

50. — **San Gregorio Magno, Leone XIII e il canto liturgico**. Discorso. — P. Ange DE SANTI. In-8 de 15 pages. Rome, Befani 1891.

Extrait de la *Civiltà* du 21 mars 1891.

51. — **Le symbolisme de la croix dans la poésie liturgique des Latins**. — P. Gui-Marie DREVES.

Stimmen, mars 1891.

THÉOLOGIE DOGMATIQUE

52. — Theologiæ dogmaticæ compendium. (7e éd.). 3 vol. in-8 de 546, 573, 716 pages. — P. Hugues HURTER. Innsbruck, Wagner, 1891.

53. — Tractatus de Romano Pontifice cum Prolegomeno de Ecclesia, editio altera aucta et in nonnullis emendata. — P. Dominique PALMIERI. In-8 de 791 pages. Prato : ex officina libraria Giachetti filii et C°, 1891. Prix : L. 6.

54. — LUX MUNDI :'**La doctrine chrétienne sur Dieu.** — P. Sydney SMITH.

Month, janv. et févr. 1891.

55. — Wiederaufleben der durch eine Todsünde ertödteten Verdienste (*Reviviscence des mérites détruits par un péché mortel*). — P. Jean SCHELLER.

Zeitschrift für Katholische Theologie. — 1re livraison trimestrielle, 1891.

56. — Das Nichtwiederaufleben der schweren Sünde (*La non-reviviscence du péché mortel*). — P. Jean SCHELLER.

Zeitschrift für Katholische Theologie. — 2e livraison trimestrielle, 1891.

57. — Zwei Grundfragen in der Lehre von der Genugthuung Christi (*Deux questions fondamentales sur la satisfaction de J.-C.*). — P. Ferdinand STENTRUP.

Zeitschrift für Katholische Theologie. — 2e livraison trimestrielle, 1891.

THÉOLOGIE MORALE

58. — Antonii Ballerini e Societate Jesu opus theologicum morale in Busembaum medullam, absolvit et edidit P. Dominicus PALMIERI. Volumen IV : Tract. IX, de Præceptis particularibus, et tract. X, de Sacramentis Bapt., Confirm., et Euchar. Grand in-8 de 794 pages. Prato, Giachetti, 1891. Prix : 6 francs.

59. — Compendium Theologiæ moralis. — Editio tertia ab auctore recognita. — P. Augustin LEHMKUHL. In-8 de XXIV-605 pages. Fribourg, Herder. Prix : 7 Mk.

60. — Le libéralisme est un péché. — P. Jean-Baptiste COUDERC. Traduction française du livre de D. Félix SARDA-Y-SALVANY, imprimée dans la grande édition polyglotte de cet ouvrage.

Edition de grand luxe en 8 langues : Castillan (D.-F. Salva y Salvany),

Catalan, Basque, Portugais, Latin, Italien, Français, Allemand. Edicion poliglota monumental. Barcelona, Establecimiento tipografico de la Hormiga de Oro, 1891.

Grand in-folio de 600 pages environ (*non numérotées*). Prix : 100 francs.

61. — Le divorce.

Civiltà, 3 janv. 1891.

DROIT CANON

62. — Nouvelles recherches sur la nature et la notion vraie de la juridiction ecclésiastique ordinaire et déléguée. — P. Sébastien SANGUINETI.

Studie, janvier et mars 1891.

63. — S. C. episcoporum et reguliarium de aperitione conscientiæ superioribus haud exigenda deque juribus confessarii quoad moniales et instituta virorum laicorum decretum (die 17 X^bris 1890 datum) notis quibusdam illustravit P. Augustinus LEHMKUHL, auctor Theologiæ moralis. In-8 de 15 pag. Paris, Lethielleux, 1891.

64. — Ad una superiora Religiosa intorno ad un recente decreto pontificio. Lettera del P. Secondo FRANCO d. c. d. g. (*Sur un récent décret pontifical. Lettre du P. Secondo Franco, S. J. à une supérieure religieuse*). In-16 de 135 pages. — Turin, Jules Sperani et fils, 1891. Prix : 0.75.

65. — Décisions du Saint-Siège. Compte de conscience. Décret apostolique du 17 décembre 1890 ; — Mariages mixtes en Hongrie ; — Duels dans les Universités d'Allemagne. — P. Sylvain ADIGARD.

Études, avril 1891.

THÉOLOGIE CATÉCHÉTIQUE

66. — Petit manuel illustré du Chemin du Ciel en 20 grands tableaux ($1^m40 \times 1^m$) pour l'enseignement de la religion. — P. Adolphe VASSEUR. In-32 de 32 pages. Paris, Œuvre de Saint-Luc des Missions, 1891.

67. — Das affective Moment in Predigt und Katechese (*Le sentiment affectif dans le sermon et le catéchisme*).—P. Max LIMBOURG.

Zeitschrift für Katholische Theologie, 1re livraison trimestrielle, 1891.

68. — Catéchisme des vœux, à l'usage des personnes consacrées à Dieu dans l'état religieux. — P. Pierre COTEL. — Nouvelle édition revue et augmentée. In-18 de 104 pages. Poitiers et Paris, Leday.

APOLOGÉTIQUE. — POLÉMIQUE

69. — Select writings of the most Reverend Dr. Leó MEURIN, S. J., titular archbishop of Nisibe and bishop of Port-Louis, formerly bishop of Ascalon, I. P. I., vicar-apostolic of Bombay and administrator apostolic of Poona, with a biographical sketch of his life, by P. A. Colaço. In-8 de XIII-626 pages. Bombay, Examiner press, 1891.

70. — La chiesa cattolica difesa dal P. Biagio M. La Leta (L'Eglise catholique défendue par le P. Blaise LA LETA). In-8 de VIII-439 pages. Milan, Palma ; — Firenze, Ciardi, 1891. Prix : 3.60.

71. — Le Christianisme non dogmatique. — P. Théodore GRANDERATH.

Stimmen, janvier, février et mars 1891.

72. — Le miracle au dix-neuvième siècle : Lourdes devant la science (Troisième et dernier article). — P. Hyppolite MARTIN.

Études, janvier 1891.

73. — Les nouvelles merveilles de Lourdes.

Civiltà, 21 mars 1891.

74. — Encore le miracle de Tipasa. — P. Paul DE HOENSBROECH.

Stimmen, avril 1891.

75. — Du nombre des élus au point de vue de l'apologétique. — P. Charles LACOUTURE.

Études, févr. 1891.

76. — L'Hypnotisme revenu à la mode. Traité historique, scientifique, hygiénique, moral et théologique. — P. Jean-Joseph FRANCO. — Traduit par l'abbé J. Moreau, curé à Hulsonniaux, sur la 3e édit. ital. enrichie de nouvelles observations et de faits récents avec un appendice sur les travaux des Drs Guermonprez et Venturoli et sur la claire-vue hypnotique. In-16 de 379 pages. Paris, Vic et Amat.

77. — De la nouvelle théorie de la suggestion pour expliquer l'hypnotisme.

Civiltà, 16 mai 1891.

78. — Les mémoires de Saint-Simon et le P. Le Tellier, confesseur de Louis XIV. — P. Pierre BLIARD. In-8 de VIII-432 pages. Paris, Plon, 1891.

79. — **Clément XI et les jansénistes.** — P. Joseph RICKABY.
Month, janv. et févr. 1891.

80. — **Warum sollen die Jesuiten nicht nach Deutschland zurück ?** Eine Frage und eine Antwort (*Pourquoi les Jésuites ne doivent-ils pas retourner en Allemagne ? Demande et réponse.*) 1ª und 2ª vermehrte Auflage. — P. Paul DE HOENSBROECK. In-8 de IV-152 pages. — Fribourg-en-B. Herder, 1891. Prix : Mk. 1.20.

81. — **Du présent et de l'avenir de l'Italie.** Jugements d'un Américain.
Civiltà, 17 janv. et 7 fév. 1891.

82. — **Du plan maçonnique en Italie.**
Civiltà, 21 fév. et 16 mai 1891.

83. — **Gottes-Beweise.** — Eine Ergänzung zu « Edgar » oder vom Atheismus zur vollen Wahrheit (*Preuve de l'existence de Dieu. — Un complément d' « Edgar », ou de l'athéisme à la pleine vérité*). P. Louis DE HAMMERSTEIN. — In-8 de VIII-253 pages. Trèves, imp. Paulinus.

84. — **Erreurs, mensonges et fautes.**
Civiltà, 18 avril 1891.

85. — **Les anciens Pères et l'autel chrétien.** — P. Herbert LUCAS.
Month, mai 1891.

86. — **Mgr d'Hulst philosophe et apologiste.** — P. Bernard GAUDEAU.
Études, juin 1891.

87. — **Mahomet et le Christ.** — P. Guillaume EYRE.
Month, fév. 1891.

88. — **Le pari de Pascal.** — P. François SMIT.
Studien, mai 1891.

89. — **Un cas d'astrologie au XIXᵉ siècle.** — P. Achille HATÉ.
Études, mars 1891.

PARÉNÉTIQUE

90. — **Die Bildung des jungen Predigers nach einem leichten und vollständigen Stufengange.** Ein Leitfaden zum Gebrauche

für Seminarien (*La formation du jeune prédicateur, suivant une gradation facile et complète*). Guide à l'usage des Séminaires. — P. Nicolas SCHLEINIGER. — 4ᵉ édition par le P. Charles RACKE. — In-8 de XVI-378 pages. Fribourg, Herder. Prix : 3 Mk.

91. — **Estudios de elocuencia.** Seneri español. Tomos II, III, IV y V. — P. Juan Maria SOLA. In-8 de 450 pages. — Barcelona, Grabulosa, 1889-1891.

92. — **Œuvres complètes de Bourdaloue.** Nouvelle édition, revue par une société d'ecclésiastiques. — 6 vol. in-8. Tom. Iᵉʳ, 528 pages. — T. II, 717 p. — T. III, 676 p. — T. IV, 545 p. — T. V, 559 p. — T. VI, 671 p. Paris, Mersch. Paris et Lyon, Delhomme et Briguet.

93. — **Œuvres sacerdotales du cardinal Pie.** Choix de sermons et d'instructions de 1839 à 1849. — [P. Victor MERCIER]. 2 vol. in-8 de XXXVI-608 et 732 pages. Paris, Leday, 1891.

94. — **Predigten auf die Sonn-und Festtage des Kirchenjahres** mit einem Anhange von Sakraments und Fastenpredigten (*Sermons pour les dimanches et les fêtes de l'année, avec un appendice contenant des sermons sur les sacrements et pour le temps du Carême*). 3ᵉ édit. augmentée et rectifiée. — P. Jules POTTGEISSER. — In-8 de XVI-544 pages. Paderborn, Bonifacius Druckerei.

95. — **Nanki o Przenajsw. Sakramencie X. Piotra Skargi, T. J. Wdodatku nanka o czenstej Komunii sw. przez X. Stanislawa Solskiego, F. J.** (*Conciones de S. S. Sacramento P. Petri Skarga, S. J. In additamento : doctrina de frequenti communione*). — P. Stanisl. SOLSKI. — In-16 de 365 pages. Cracowia Czas, 1891.

96. — **La destinée.** Retraite de Notre-Dame. 3ᵉ édition. — P. Joseph FÉLIX. In-12 de X-324 p. Paris, Téqui, 1891. Prix : 3 fr.

97. — **Maria addolorata e desolata.** Sermoni detti in Lecce l'anno 1891 dal P. Ferdinando CANGER, d. c. d. g. — In-4 de 224 pages. Lecce, Luigi Lazzaretti e figli, 1891.

98. — **Notre-Dame d'Étang et la Bourgogne,** discours prononcé dans l'église Saint-Michel de Dijon, le 24 mai 1891. — P. Paul FRISTOT. In-8 de 29 pages. Dijon, Jobard, 1891.

ASCÉTISME. — ŒUVRES.

99. — La vie de notre vie, 2ᵉ partie : la vie publique. 2ᵉ section, VIII : la formation des apôtres. — P. Henri COLERIDGE. — Traduit de l'anglais. P. Joseph PETIT. 2 vol. in-8 de 500 et 549 pages. Paris, Lethielleux, 1891.

100. — Celui qui est. Essai. — P. Frédéric de CURLEY. In-8 de XIV-354 pages. Paris, Retaux, 1891. Prix : 5 francs.

101. — L'Étude de Jésus-Christ dans son milieu humain. — P. Lucien MÉCHINEAU.

Études, avril 1891.

102. — La vie de N.-S. Jésus-Christ et les pèlerinages de terre sainte. — P. Vincent BAESTEN.

Précis historiques, janvier 1891.

103. — De la divine Providence, ou Exposé de la conduite pleine d'amour que Dieu tient envers les hommes. In-32 de XII-176 pages. Chambéry, Boé, 1891.

Extrait de la *Connaissance et Amour de N.-S. Jésus-Christ.*

104. — Passiontide. Pᵗ III (Quarterly series) (*Le temps de la Passion*). — P. Henry-James COLERIDGE. In-8° de 332 pages. London, Burns & Oates, 1891. Prix : 6 sch., 6.

105. — Het Lyden van Jesus en onze vreco von den dord (*La Passion de Jésus et notre crainte de la mort*). — Carolus VAN DEN ABEELE. Traduction libre du vieux flamand par le P. Paul BRUIN. In-16 de 50 pages. Galoppe, M. Alberts et fils, 1891.

106. — La véritable dévotion au S.-C. de J.-C. par le P. François FROMENT, précédé d'une notice sur l'auteur. — P. François KICKENS. — In-24 de XXXV-336 pages. Bruxelles, Vromant, 1891. Prix : 2.50.

107. — Cultus S. S. Cordis Jesu sacerdotibus præcipue et Theologiæ studiosis propositus ; cum additamento de cultu purissimi Cordis B. V. Mariæ. — Editio altera, emendata et aucta. — P. Hermannus-Joseph NIX. In-8 de VIII-191 pages. — Freiburg-i-B., Herder, 1891. Prix : M. 1.60.

108. — Le Cœur de Jésus et la divinisation du chrétien. — P. Henri RAMIÈRE. — In-12 de 612 pages. Toulouse, bureaux du *Messager*, 1891. Prix : 3 francs.

109. — **Korte Verhandeling over het Apostolaat des Gebeds** (*Petit traité de l'Apostolat de la prière*) avec approbation ecclés. — P. Michel Reuser. In-24 de 20 pages. — Amsterdam, G. Borg, 1891.

110. — **Geluk van de Liefde tot Jesus en Maria** (*Bonheur de l'amour envers Jésus et Marie*). — Carolus van den Abeele. Traduction libre du vieux flamand, par le P. Paul Bruin. In 16 de 101 pages. — Galoppe, M. Alberts et fils, 1891.

111. Das Haus des Herrn. — Betrachtungen und Shilderungen für das Katholische Volk (*La maison du Seigneur. — Considérations et descriptions pour le peuple catholique*). — P. Antoine David. In-12 de 200 pages. — Paderborn, Bonifacius.

112. — **Gedanken und Rathschläge, gebildeten Jünglingen zur Beherzigung** (*Réflexions et conseils en considération de la jeunesse*). 7e Auflage mit Titelbild. — P. Adolphe von Doss. In-12, xii-567 p. — Freiburg-i-B., Herder. 1891. Prix : 3 Mk.

113. — **Kurzgefasstes Handbuch der Katholischen Religion** (*Petit manuel de la religion catholique*). — P. Guillaume Wilmers. — 3e édition. In-8 de iv-587 pages. Regensburg, Pustet.

114. — **Das Kind der Kirche.** — Gebet und Erbauungsbuch für Katholische Christen jeden Standes (*L'enfant de l'Eglise. — Livre de prières et d'édification pour les chrétiens catholiques de tout état*). — P. Charles Doflinger. — In-12 de xvi-544 pages. Munster-i-W., Aschendorff. Prix : 1.80 Mark.

115. — **Handbook of the Christian Religion** for the use of advanced students an the Educated laity. By Rev. William Wilmers. — From the German : edited by James Conway. In-8 de xxvi-494 pages. — New-York, Benziger Brothers.

116. — **A Little Book for Holy Week.** — Compiled by P. Richard J. Clarke, S. J. In-18 de 36 pages. — London, Catholic truth society, 1891. Prix : 1 d.

117. — **A mission Prayer Book.** — Compiled by P. Richard J. Clarke, S. J. — In-18 de 32 pages. London, catholic truth society, 1891. Prix : 1 d.

118. — **Meditations on the Gospels for every day in the year** (*Medaille* translated under the direction of Rev. W. H. Eyre, S. J.). — Edited by P. William H. Eyre. London, Burns and Oates, 1891.

119. — Méditations sur la fin de l'homme, par le P. DE GALIFFET. Nouvelle édition. — [P. Charles SIMÉON]. In-32 de 116 pages. Boulogne-sur-Mer, Deligny, 1891.

120. — Meditazioni ed istruzioni proposti ai giovanetti ed alle giovanette che si preparan alla prima Comunione con l'aggiunta di tre discorsi in onore di S. Luigi Gonzaga. — P. Joseph TAINI. In-8 de 236 pages. Roma, tipogr. poliglotta di propaganda, 1891.

121. — The precious Blood. Short meditations for July (*Le précieux Sang. Courtes méditations pour le mois de juillet*). — P. Richard J. CLARKE. In-18 de 36 pages. London, Catholic truth Society, 1891. Prix : 1 d.

122. — Humility. Thirty short meditations (*Humilité. Trente courtes méditations*). — P. Richard J. CLARKE. In-18 de 36 pages. London, Catholic truth Society, 1891. Prix : 1 d.

123. — Les Exercices de saint Ignace en prières. In-32 de 40 pages. Amiens, 46, r. Duméril, 1891. Prix : 0.10 c. Les 100 exemplaires, 5 francs.

124. — Considerationes pro reformatione vitæ, in usum sacerdotum, maxime tempore exercitiorum spiritualium. (Editio altera). — P. Georgius RODER. In-24 de XII-372 pages. Freiburg-i-B., Herder, 1891. Prix : broché, 1.25 ; relié, 2.25.

125. — Tesoro del Sacerdote. — P. Joseph MACH. In-4 de 1160 p. Prix : 8 fr. — Barcelona, Rosal, 1891.

126. — Retraite de dix jours pour les Prêtres. (A. M. D. G.). — P. Antoine GIROUX. — Feuilles in-4. Rodez, Ch. Colomb, 1891.

127. — La dévotion à saint Louis de Gonzague, patron de la jeunesse. — P. Émile RÉGNAULT.
Messager du Cœur de Jésus, janv. 1891.

128. — La fermeté dans la foi. — P. Émile REGNAULT.
Messager du Cœur de Jésus, févr. 1891.

129. — La sainteté des mœurs chrétiennes. — P. Émile REGNAULT.
Messager du Cœur de Jésus, mars 1891.

130. — Les savants chrétiens. — P. Émile REGNAULT.
Messager du Cœur de Jésus, avril 1891.

131. — Les artistes chrétiens. — P. Émile REGNAULT.
Messager du Cœur de Jésus, mai 1891.

132. — Le culte pratique de la Sainte-Croix. — P. Émile
REGNAULT.
Messager du Cœur de Jésus, juin 1891.

**133. — Obraz laskami slynoncy matki Boskiej Pocieszenia
i Kosciòl OO. Jezuitow w Nowym Sonczu** przez Ks. Jana
Syganskiego T. J. r trzema illustracyami. Krakow 1891 poboznych
ofiaro dawcow (*Imago gratiis celebris Matris Dei de Consolatione,
et ecclesia PP. Jesuitarum Neo-Sanderiæ*). — P. Joann. SYGANSKI.
In-16° pag. 73, cum tribus illustratiõnibus. Cracoviæ, 1891.

**134. — Recuerdo de la primera romeria al santuario de
Nuestra Señora de los Milagros,** patrona de Agreda y su
tierra (*Souvenir du premier pèlerinage au sanctuaire de N.-D. des
miracles, patronne d'Agreda et de son territoire*). — [P. Juan
FERRERES]. In-8 de 80 pages. Barcelona, typogr. católica, 1891.
Cette brochure renferme un sermon du P. Juan Ferreres.

135. — Geist des hl. Franz Xaver aus der Gesellschaft Jesu. —
Ausgewählte Stellen aus den Briefen des heiligen. (*Esprit de saint
François-Xavier de la Compagnie de Jésus. — Passages choisis
des Lettres du Saint*). — P. Paul DE HOENSBROECH — In-12 de
60 pages. Paderborn, Schöningh.

**136. — Massime spirituali di S. Francesco di Geronimo
d. c. d. g.** raccolte dei suoi scritti inediti e distribuiti per ciascum
giorno dell' anno dal P. Ferdinando CANGER, d. m. c. — In-8 de
140 pages. Firenze, Tipografia Cappelli, 1891. Prix : 70 centimes.

**137. — Nella ricorrenza del 3° centenario della beata morte
di S. Luigi Gonzaga.** Esortazioni ai Giovani cattolici. — P. François XAVIER SCARP. In-16 de 19 pages. Modena.

138. — Le troisième centenaire de saint Louis de Gonzague.
Civiltà, 6 juin 1891.

**139. — Souvenir du 3ᵉ centenaire de saint Louis de Gon-
zague, 1591-1891.** — P. Xavier POUPLARD. In-12. Paris, Retaux, 1891.

140. — Troisième centenaire de saint Louis de Gonzague.
Neuvaine préparatoire à la Fête du 21 juin 1891. — [P. Jean-Baptiste COUDERC]. Brochure in-24 de 16 pages. Abbeville, imp. C. Paillart. Prix : 5 centimes.

141. — Triduum en l'honneur de saint Louis de Gonzague. In-16 de 32 pages. Paris, œuvre S. Luc des Missions, 1891.

142. — Nabozenstwo do Sw. Alojzego Gonzagi T. J. Rozlozone na szesc niedziel albo na dziewienc dnéi ku uczczeniu Anielskiego Mlodzieniaszka ulozyl Ks. Alojzy Fridrich T. J. Wv. Krakowie, 1891 (*Devotio ad S. Aloisium Gonzagam, S. J. disposita in sex dominicas vel in novem dies, in honorem Angelici Juvenis*). — P. Aloisius FRIDRICH. In-16 de VIII–168 pages. Cracovie, Anczyc, 1891.

143. — Blœmkrans ter eere van den H. Aloysius Gonzaga, S. J. op syn derde ceunfeest, 1591 — 21 juni 1891. Ovenregingen en gebeden von de Zes Zondagen (*Couronne de fleurs en l'honneur de saint Louis de Gonzague, S. J. en son 3ᵉ centenaire; 1591, 21 juin 1891. Méditations et priéres*). — P. Louis NANNERINI. Traduit et augmenté par le P. Herman ERMANN. In-24 de 79 pages. Nimègue, Malmberg, 1891.

144. — Saint Louis de Gonzague et la leçon qu'il donne à notre temps. — P. Guillaume KREITEN.

Stimmen, mai 1891.

145. — Sv. Alojsia Gonzagy, Spisek o andelich a jiné Zápisky (Sⁱ Aloysii Gonzagæ tractatus de Angelis aliaque manuscripta, cum proœmio jubilari in lingua bohemica). — P. Antoine REJSEK. In-12 de 155 pages. Bono, Knihtiskárna benediktinská, 1891. Prix : 30 kr.

146. — Ramillete de pensamientos piadosos para jovenes colegiales en tiempo de vacaciones (*Recueil de pensées pieuses pour le collégien en vacances*). (Traducion del italiano). — P. Joseph IGLESIAS. In-8 de 134 pages. Barcelona, Henrich y Compᵃ, 1891. Prix : 0.35.

147. — Die Wohlthätigkeitsanstalten der christlichen Barmherzigkeit in Wien (*Les établissements de bienfaisance de la charité chrétienne à Vienne*) mit Titelbild. 51ᵗᵉˢ Ergänzungsheft «Stimmen». — P. Henri PESCH. In-VIII de 142 pages. Freiburg-i-B., Herder, 1891. Prix : M. 1.80.

148. — Cercles et asiles d'apprentis. — P. Henri PESCH.

Stimmen, mars 1891.

149. — **Lettre à un industriel catholique du nord de la France**, relative aux retraites ouvrières. — [P. Alfred d'AUBIGNY]. In-8 de 16 pages. Lille, Ducoulombier, 2 fév. 1891.

150. — **Œuvre des Écoles apostoliques: Écoles d'Amiens et de Boulogne**, réunies à Littlehampton (1890). In-18 de 39 pages. Abbeville, Paillart, 1891.

151. — **Catalogo de la Congregacion de la inmaculada Virgen Maria y S. Luis Gonzaga** para jóvenes de estudios superiores y del commercio canonicamente establecida en la iglesia del « Sagrado corazon de Jesús » de Barcelona y agregada a la « prima primaria » de Roma. Al comenzar el año 1891 (*Catalogue de la congrégation de la Vierge Marie Immaculée et de S. Louis de Gonzague pour les jeunes gens des études supérieures et du commerce, établie canoniquement en l'église du Sacré-Cœur de Jésus de Barcelone et agrégée à la « Prima primaria » de Rome. Au commencement de l'année 1891*). — In-8 de 76 pages. Barcelone, Rosal, 1891.

SCIENCES ET ARTS

PHILOSOPHIE, MÉTAPHYSIQUE

DROIT NATUREL

152. — *Bibliotheca Theologiæ et Philosophiæ scholasticæ :* **Summa philosophiæ** ex variis libris D. Thomæ Aquinatis Doctoris Angelici in ordinem Cursus Philosophici accommodata a Cosmo ALAMANNO, S. J. — P. Franciscus EHRLE. — Edit. juxta alteram Parisiensem vulgatam a canonicis regularibus Ord. S. Aug. Congregationis gallicanæ adornata ab Augustino BRINGMANN, S. J. — *Tomi III, sectio V. Ethica.* — In-4 de x-216 pages. Paris, Lethielleux, 1891.

153. — **Institutiones philosophicæ**, quas Romæ in pontificia Universitate Gregoriana tradiderat. Vol. II. — Ontologia. — P. Jean-Joseph URRABURU. In-8 de VIII-1230 pages. Paris, Lethielleux, 1891.

154. — **Natural Theology** (Manuals of catholic philosophy. Stonyhurst series). — P. Bernard BOEDDER. In-8 de 496 pages. — London, Longmans et Cᵒ, 1891. Prix : 6 s., 6 d.

155. — Celowosc w naturze. Studium przyrodniczo-filozoficzne (*La finalité dans la nature : étude scientifique et philosophique*). — P. Marian MORAWSKI. 2° édit. refondue. In-8 de 311 pages. Anczyc, Cracovie, 1891.

156. — Wolna wola (*Libre arbitre*). — P. Marian MORAWSKI.
Przeglad powszechny, janv. et fév. 1891.

157. — Moralphilosophie. — Eine wissenschaftliche Darlegung der sittlichen einschliesslich der rechtlichen Ordnung (*Philosophie morale. — Démonstration scientifique de l'ordre moral, y compris l'ordre juridique. — 2° volume. Morale spéciale*). 2ter Band. Besondere Moralphilosophie. — P. Victor CATHREIN. In-8 de XIV-633 pages. — Freiburg-i-B., Herder, 1891. Prix : 9 mark.

158. — Nature de la Société civile. — P. Constant CAUDRON.
Revue des Institutions et du Droit, janvier 1891.

159. — Système physique de saint Thomas.
Civiltà, 17 janvier, 21 fév., 21 mars, 18 avril et 2 mai 1891.

160. — Der Positivismus, vom Tode August Comte's bis auf unsere Tage (*Le positivisme, de la mort d'Auguste Comte, jusqu'à nos jours*). — P. Hermann GRUBER. — In-8 de 194 pages. Freiburg-im-B., Herder, 1891. Prix : 2 mark.

161. — « Darwinism » de M. Wallace. — P. Guillaume HAHN.
Revue des questions scientifiques, janv. 1891.

162. — Les « Idoles » de Bacon.
Studien, mars 1891.

163. — Programme du cours de philosophie, donné aux élèves en sciences naturelles du collège Notre-Dame de la Paix (Namur). — In-8 de 37 pages. Namur, Delvaux, 1891.

ÉDUCATION

164. — Nos institutions d'enseignement supérieur depuis le onzième siècle jusqu'à la fin du quatorzième.
Studien, avril 1891.

165. — Rembrandt éducateur. — P. Alexandre BAUMGARTNER.
Stimmen, janvier 1891.

ÉCONOMIE POLITIQUE

QUESTIONS SOCIALES ET POLITIQUES

166. — **Der Atheismus und die sociale Frage** (*L'Athéisme et la question sociale*). — P. Ferdinand STENTRUP.

Zeitschrift für Katholische Theologie, 1ʳ livraison trimestrielle, 1891.

167. — **Die sociale Frage und das Christenthum** (*La question sociale et le christianisme*). — P. Ferdinand STENTRUP.

Zeitschrift für Katholische Theologie, 2ᵉ livraison trimestrielle, 1891.

168. — **Der Socialismus.** Eine Untersuchung seiner Grundlagen und seiner Durchführbarkeit (*Le Socialisme. — Recherches sur sa doctrine fondamentale et sur sa valeur logique*) (Separatabdruck aus des Verfassers « Moralphilosophie »). 4 Auflage. — P. Victor CATHREIN. In-8 de XII-118 pages. Freiburg-i-B., Herder, 1891. Prix : 1 20 mk.

169. — **Le pape Léon XIII et la question sociale.** — P. Vincent BAESTEN.

Précis historiques, juin 1891.

170. — **De l'intervention gouvernementale dans la réglementation du travail.**

Civiltà, 21 fév. 1891.

171. — **Du progrès final de la Révolution.**

Civiltà, 7 mars 1891.

172. — **Des problèmes de l'Italie à Rome.**

Civiltà, 4 avril 1891.

173. — **De la politique antipapale en Italie.**

Civiltà, 2 mai 1891.

174. — **L'Union des Catholiques français.** — P. Raoul de SCORRAILLE.

Études, janvier 1891.

175. — **Les Congrégations religieuses et l'égalité devant l'impôt.** — P. Louis DURAND.

Études, janvier 1891.

176. — **Les Congrégations reconnues et les lois fiscales de 1880 et de 1884.** — P. Louis DURAND.

Études, févr. 1891.

177. — Les formes nouvelles du Patronage. — P. James Forbes.
Études, mai 1891.

178. — Une journée historique : le 1ᵉʳ mai 1891. — P. Hippolyte
Martin.
Études, juin 1891.

179. Le mouvement socialiste en Danemark, spécialement dans
la population des campagnes.
Stimmen, mai 1891.

180. — Windthorst. *In memoriam.* **—** Les armes morales de la
démocratie sociale. **—** P. Henri Pesch.
Stimmen, avril et mai 1891.

181. — Windthorst et l'union catholique en Allemagne. —
P. Joseph Brucker.
Études, juin 1891.

182. — Un programme politico-social (*M. de Mun*). **—** P. Auguste Lehmkühl.
Stimmen, mars 1891.

183. — Association et coopération des ouvriers. — P. Adrien
Van Gestel.
Studien, janvier 1891.

184. — État de bien-être ou simplement État de droit ? Question de principe de politique sociale. **—** P. Théodore Meyer.
Stimmen, janvier 1891.

185. — Rêve d'un socialiste. — P. Michel Maher.
Month, janv. et févr. 1891.

SCIENCES NATURELLES

186. — Sciences naturelles.
Civiltà, 20 juin 1891.

187. — L'histoire naturelle non naturelle. — P. Jean Gerard.
Month, févr. 1891.

188. — La lutte pour la Vie ; un « Sedan scientifique ». — P. Hippolyte Martin.
Études, avril 1891.

189. — Un naturaliste du bord de l'eau. — P. Jean Gérard.
Month, mai 1891.

190. — Le laboratoire zoologique de Portel. — P. Henri Bol-
sius.

Studien, mars 1891.

191. — Prevention of swarming (*Méthode pour empêcher d'es-
saimer*). — P. Henry Beauclerk.

Bee-Keepers Record, févr. à mai 1891.

192. — Zur alten und neuen Weltanschauung (*Ancienne et
nouvelle conception du monde*). — P. Eric Wasmann.

Natur und Offenbarung, 1891.

193. — Antennes des insectes. — P. Eric Wasmann.

Stimmen, janvier, février, mars et avril 1891.

194. — Zur Bedeutung der Fühler bei Myrmedonia. (*De l'importance des tentacules chez les Myrmedonia.*) — P. Eric Wasmann.

Biologisches Centralblatt, 1891.

195. — Zur Frage nach dem Gehörsvermögen der Ameisen.
(*Sur la question de l'ouïe des fourmis*). — P. Eric Wasmann.

Biologisches Centralblatt, 1891.

**196. — Parthenogenesis bei Ameisen durch künstliche Tem-
peraturverhältnisse.** (*Parthénogenèse chez les fourmis pro-
duite à l'aide de températures artificielles*). — P. Eric Wasmann.

Biologisches Centralblatt, 1891.

**197. — Die zuzammengesetzten Nester und gemischten Ko-
lonien der Ameisen.** Ein Beitrag zur Biologie, Psychologie und
Entwicklungsgeschichte der Ameisengesellschaften : mit 2 Tafeln
und 16 Figuren im Texte. (*Contribution à la biologie, la psychologie et l'histoire des colonies de fourmis : avec 2 planches et
16 figures dans le texte*). — [P. Eric Wasmann.] In-8 de VIII-262 p.
Münster-i-W., Aschendorff.

198. — Zufällige Formen gemischter Ameisen Kolonien.
(*Formes accidentelles de colonies mixtes de fourmis*). — P. Eric
Wasmann.

Natur und Offenbarung, 1891.

**199. — Verzeichniss der Ameisen u. Ameisengäste von Hol-
ländisch-Limburg.** (*Liste des Fourmis et parasites de fourmis,
du Limbourg hollandais*). — P. Eric Wasmann.

Tijdschrift voor Entomologie : 1890-91.

200. — Nachtrag zu den vergleichenden Studien über Amei-sengäste und Termitengäste. (*Supplément aux études compa-rées sur les parasites des fourmis et des termites*). — P. Eric WAS-MANN.

Tijdschrift voor Entomologie, 1890-91.

201. — Eine neue Flavigeride ans Madagaskar, mit verglei-chenden biologischen Bemerkungen (mit einer Tafel). (*Une nouvelle Flavigeride de Madagascar, avec des observations bio-logiques comparatives*). — P. Eric WASMANN.

Stettiner entomologische Zeitung, 1891.

202. — Uber die verschiedenen Zwischenformen von Wei-bchen und Arbeiterinnen bei Ameisen. (*Sur les différentes formes intermédiaires des femelles et des travailleuses chez les fourmis*). — P. Eric WASMANN.

Stettiner entomologische Zeitung, 1891.

203. — Einige neue Hermaphroditen von *Myrmica scabrinodis und larvinodis.* (*Quelques nouveaux Hermaphrodites de M. S. et L.*). — P. Eric WASMANN.

Stettiner entomologische Zeitung, 1891.

204. — Uber die Lebensweise von *Tomogathus pullaris Nyl.* (*Sur le genre de vie de T. P. N.*). — P. Eric WASMANN.

Natur und Offenbarung, 1891.

205. — Zur Lebensweise von *Anergates Atratulus Schenk.* (*Sur le genre de vie d'Anergates Atratulus Schenck*) avec figures. — P. Eric WASMANN.

Natur und Offenbarung, 1891.

SCIENCES PHYSIQUES ET MATHÉMATIQUES

206. — Synopsis der hoeheren Mathematik : 1er Band. Arith-metische und algebraische Analyse. (*Synopsis des mathématiques supér. 1re liv. Analyse arithmétique et algébrique*). — P. Jean HA-GEN. In-4° de VIII-398 pages. Berlin, Félix L. Dames.

207. — Géométrie élémentaire. — P. Henri LACOUTURE. Troisième édition. In-8 de XIX-495 pages. Paris, Retaux-Bray, 1891.

208. — La Géométrie non euclidienne. — P. Auguste POULAIN.

Études, mai 1891.

209. — Sur une correspondance de droites et de points. — P. Auguste POULAIN.

Journal belge *Mathesis*, avril 1891.

210. — **Sur les coordonnées angulaires.** — P. Auguste POULAIN.
Trois articles dans le Journal de Mathémathiques.

211. — **A Papal brief on astronomy.** (*Une lettre du Pape sur l'astronomie.*) — P. Louis CORTIE.
The Observatory, juin 1891.

212. — **The spectra of sun-spots between B. and D.** (*Le spectre des taches du soleil entre B et D.*) — P. Louis CORTIE.
Journal of the British astronomical association, janv. 1891.

213. — **Le passage de Mercure** (9 mai 1891). — P. Guillaume RIGGE.
American catholic quarterly Review, avril 1891.

214. — **Result of meteorological magnetic and solar observations.** 1889 and 1890. — Stonyhurst College observatory. — P. Walter SIDGRAEVES. Market Weighton, St-Willams Press; 1890-1891.

215. — **Les prévisions plausibles dans le domaine de l'astronomie.** — P. Jean HAGEN.
Stimmen, mai 1891.

216. — **De Sterrekunde der Chaldëers.** (*L'astronomie des Chaldéens* (paru dans *Het Belfort*. Févr., mars, avril 1891). — P. Joseph VAN MIERLO. In-8° de 31 pages. Gand, Siffev, 1891.

217. — **L'astronomie à Babylone** (deuxième article). — P. Désiré LUCAS.
Revue des questions scientifiques, avril 1891.

218. — **De quelques études récentes sur les propriétés et les combinaisons des couleurs.**
Civiltà, 7 février et 21 mars 1891.

219. — **Les nouvelles orgues.** — P. Edouard VILLAUME.
Études, mai 1891.

220. — **Essai sur les paratonnerres.** — PP. Julien THIRION et Victor VAN TRICHT.
Revue des questions scientifiques, janvier 1891.

221. — **La découverte et l'isolement du fluor.** — P. Henri DE GREEFF.
Revue des questions scientifiques, janv. 1891.

222. — **Science a Romance** (reprinted from the *Month*). — P. Jean GÉRARD. In-8 de 140 pages. London, Catholic truth Society, 1891. Prix : 1 s.

223. — **Chronique scientifique.** — P. Thomas FREEMAN.
American Catholic Quarterly Review, avril 1891.

BEAUX-ARTS

224. — **Album-carte. Les vitraux de la basilique de Saint-Jean-François Régis de la Compagnie de Jésus**, à Lalouvesc (Ardèche). Légendes explicatives. — P. Victor VIEILLE. S'adresser à l'éditeur, au presbytère de Lalouvesc (Ardèche). Prix : franco, 1 franc.

225. — **Causeries sur le Plain-Chant** : (Troisième article). Charlemagne et les écoles françaises. — P. Eugène SOULLIER.
Études, mai 1891.

HISTOIRE

HISTOIRE ECCLÉSIASTIQUE. -- I. HISTOIRE GÉNÉRALE

226. — **Tabula chronologica Historiæ ecclesiasticæ** (ad usum N. N.). In-4 de 29 pages. Galoppe, A. Albert et fils, 1891.

227. — **Chrystus w Kosciete.** Zarys Historyi Koscielnej z obraz kami. Z niemieckiego przelozyl i uzupetnil dla rodzin i mlodziezy polskiedjks : P. Louis FRIDRICH. *(Christus in Ecclesia : delineatio historiæ ecclesiasticæ cum imaginibus. E germanico vertit et pro familiis et juventute polona adaptavit P. A. Fridrich).* In-8 de 292 pages. Einsiedlen, Benziger.

228. — **Le protestantisme et la Compagnie de Jésus à Tournai au XVI° siècle.** — P. Louis DELPLACE.
Précis historiques, mai et juin 1891.

229. — **L'état déplorable de l'Eglise réformée en Hollande,** à l'époque de la plus florissante prospérité. — P. Guillaume WILDE.
Studien, février 1891.

230. — **L'ancien évêché de Ruermonde, 1589-1001.** — P. Herman ALLARD.
Studien, mars 1891.

231. — **Przyczynek do historyi Kosciola P. Maryi w Krakowie** (*Contribution à l'histoire de l'Église de Marie à Cracovie*). P. Zdzislas BARTKIEWICZ.

Przeglad powszechny, mars 1891.

232. — **L'internonce à Paris pendant la Révolution.** — P. Victor DELAPORTE.

Études, févr. 1891.

233. — **Hercules Consalvi en her Concordaat van 1801.** Lezing. (*Hercule Consalvi et le Concordat de 1801. Causerie*). — P. Herman ERMANN. In-8 de 32 pages. Nimègue, L. C. G. Malmberg, 1891.

234. — **L'histoire du Concile du Vatican.** — P. Robert BEAU CLERK.

Month, févr. et mars 1891.

235. — **Le Concile du Vatican.** — P. Gabriel DESJARDINS.

Études, mars et mai 1891.

II. HAGIOGRAPHIE. — BIOGRAPHIE

236. — **Acta sanctorum Hiberniæ,** ex Codice Saluraticensi, nunc primum integre edita, opera Caroli DE SMEDT et Josephi DE BACKER e S. J. hagiographorum Bollandianorum ; auctore et sumptus largiente Joanne Patricio Marchione Bothœ. In-4 à 2 col. de IV-979 p. avec gravures. Lille, Desclée, de Brouwer et Cⁱᵉ, 1891. (Titre rouge et noir ; encadrements en couleur.)

237. — **L'œuvre des Bollandistes et ses derniers développements.** — P. Herbert THURSTON.

Month, janv. 1891.

238. — **Le Pontificat de Saint Grégoire le Grand** dans l'histoire de la civilisation chrétienne.

Civiltà, 17 janvier, 7 mars et 4 avril 1891.

239. — **Études d'histoire pontificale :** Le pape Jean VIII (872-882). — P. Arthur LAPÔTRE.

Études, févr. et avril 1891.

240. — **Professor Sdralek über Altmann von Passau und Gregor VII.** (*Le Professeur Sdralek, sur Altmann de Passau et Grégoire VII*). — P. Émile MICHAEL.

Zeitschrift für Katolische Theologie, 1ʳᵉ livraison trimestrielle 1891.

241. — Pierre de Pavie, légat du Pape Alexandre III. — P. Hippolyte DELEHAYE.

Revue des questions historiques, janv. 1891.

242. — Saints du Carmel. — P. Jean WYNNE.

Month, janv. 1891.

243. — Acts of English Martyrs hitherto unpublished (*Actes inédits des martyrs anglais*) (With preface by P. John Morris). — P. Jean POLLEN. In-8° de 464 pages. London, Burns et Oates, 1891. Prix : 7 s. 6.

244. — Les reliques du B. Thomas Morus. — P. Jean MORRIS.

Month, févr. 1891.

245. — Le cardinal Maury. — P. Henri CHÉROT.

Études, mars 1891.

246. — L'archevêque Mac Hale, champion de l'École chrétienne. — P. Othon PFÜLF.

Stimmen, avril et mai 1891.

247. — Vite delle ven. Sorelle Cinzia, Olimpia, Gridonia Gonzaga, nepoti di San Luigi, fondatrici del Collegio delle Vergini di Gesu in Castiglione delle Stiviere. — P. Hector VENTURI (Estratte da quelle stampate in Mantova 1839 dal Sacerdote Giuseppe Savio). In-16° de 276 p. Roma : tipogr. liturgica di S. Giovanni : Desclée, Lefebvre et Cⁱᵉ, 1891.

248. — Marie-Julie Stiénon du Pré : Dame de l'Institut Saint-André à Tournai. — P. Charles CLAIR. In-12 de 100 p. Bruxelles, Société belge de librairie, 1891.

249. — Bulletin hagiographique. — P. Albert PONCELET.

Science catholique, 15 mars 1891.

250. — Souvenir des zouaves pontificaux, 1864, 1865 et 1866, recueillis par François LE CHAUFF DE KERGUENEC, ancien zouave pontifical. In-8. Paris, Leday, 1891.

251. — Un ouvrier apôtre des ouvriers (Kolping).

Civiltà, 3 janvier, 7 février et 16 mai 1891.

HISTOIRE DE LA COMPAGNIE

I. HISTOIRE GÉNÉRALE

252. — Jesuiten-Fabeln. — Ein Beitrag zur Culturgeschichte. *(Fables sur les jésuites. — Contribution à l'histoire de la civilisation).* (Das Werk erscheint in etwa sechs Lieferungen, jede gegen 100 Seiten stark). 1re livraison, 1re et 2e éditions. — P. Bernard DUHR. In-8 de VIII-104 pages. Freiburg-in-B., Herder, 1891. Prix : 90 Pf.

253. — Jesuiten-Fabeln. Ein Beitrag zur Culturgeschichte. 2e livr. — P. Bernard DUHR. In-8 de 115 pages. Friburg-in-Br., Herder, Prix : 90 Pf.

254. — Historia de la Compañia de Jesus en Chile. Tomes I et II. — P. François ENRICH. In-folio de 804 pages. Barcelona, Rosal, 1891.

255. — Professor Dr. Paul Tschackert und die authentischen Gesetze des Jesuiten-Ordens. — Ein offenes Wort. — *(Le professeur Dr Paul Tschackert et les Statuts authentiques de l'ordre des Jésuites.)* — P. Paul DE HOENSBROECH. In-8 de 485 pages. Berlin, librairie de la *Germania.*

256. — Die Preuszischen Jahrbücher : Prof. Adolf Harnack und die Jesuiten. — Ein Wort zur Abwehr. *(Les annales prussiennes : le Prof. Adolphe Harnach et les Jésuites.)* — P. Paul DE HOENSBROECH. In-8 de 111 pages. Berlin, Germania (Max Muschik).

II. HAGIOGRAPHIE. — BIOGRAPHIE.

257. — Leven van den H. Ignatius van Loyola. — *(Vie de Saint Ignace de Loyola).* 1er vol. avec portrait. — P. Guillaume VAN NIEUWENHOFF. In-8 de 405 pages. Amsterdam, G. Borg, 1891.

258. — S. Ignacio en Manresa. Album historico, escrito e ilustrado por Padres de la Comp^a de Jesus. — P. P. Jean SOLA et Joseph ALGUÉ. In-8.—37 vistas con sus explicaciones historicas. Barcelona, Henrich, 1891. Prix : 1 fr. 50.

259. — Reflexiones acerca de la Vida de S. Ignacio de Loyola (traduccion del italiano). — P. Joseph IGLESIAS. In-16 de 49 pages. Barcelona, Henrich y C^a, 1891.

260. — **Vita di S. Luigi Gonzaga d. C. d. G.** descritta dal P. Virgilio Cepari d. m. C. Nuova edizione copiosamente annotata (in italiano, francese, tedesco, spagnuolo, inglese). — P. Frédéric SCHRŒDER. In-8º de 414 pages. Einsiedeln (Suisse), Benziger et Cⁱᵉ, 1891.

261. — **Vita di S. Luigi Gonzaga, d. C. d. G.**, compilata nel 3º centenario della beata sua morte su quelle scritte dal P. Cepari e dal P. Ribadeneira d. m. C., con aggiunta di fatti virtuosi, di note istruttive e di documenti importanti, etc. — P. Louis NANNERINI. In-16 de 232 pages. Sierra, tipogr. editrice S. Bernardino, 1891.

262. — **Vie (la) de Saint Louis de Gonzague**, d'après V. Cépari, son premier historien. — P. Charles CLAIR. Gr. in-8 illustré de XIII-344 pages. Paris, Firmin-Didot et Cⁱᵉ, 1891. Prix : broché, 4 fr.

263. — **Zywot sw. Alojzego Gonzagi Wyznawcy tow Jez. wedtug Ks. Wirgiliusza Ceparego, T. J.** Trzecie wydanie polskie pomnozone. Na pamiontke 300 tetniej rocznicy smierci swientego. W. Krakovie, 1891. Anczyca. (*Vita S. Aloisii Gonzagæ confessoris Soc. Jesu, juxta P. Virgilium Ceparium. Editio polonica tertia, aucta; in memoriam 300ᵐⁱ anniversarii*). In-16 de XVIII-406 pages. Cracovie, Anczye, 1891.

264. — **Vita di S. Luigi Gonzaga** publicata nel terzo centenario della beata sua morte. (*Vie de Saint Louis de Gonzague, publiée au troisième centenaire de sa bienheureuse mort*). In-24 de 234 pages. Siena, Tip. S. Bernardino, 1891.

265. — **Leben des H. Aloysius von Gonzaga**, Patron der christlichen Jugend. — Zur 300-jährigen Feier seines Todestages. (*Vie de S. Louis de Gonzague, patron de la Jeunesse chrétienne : pour le 300ᵉ centenaire de sa mort*) mit drei Lichtdruck-Bildern nach authentischen Vorlagen : 1, 2 und 3   unveränderte Auflage. — P. Maurice MESCHLER. In-8 de XI-301 pages. Freiburg-i-B., Herder, 1891. Prix : Mk. 2. 50.

266. — **Das Leben des H. Aloysius Gonzaga aus der Gesellschaft Jesu.** (*Vie de Saint Louis de Gonzague de la C. de J.*) Nach der ältesten italienischen Biographie des P. Virgilio Cepari. Ins Deutsche überzezt und durch einen Nachtrag vervollständigt. Mit einem Farbendruck-Titelbild, einem Lichtdruck, acht Einschaltbildern, 108 Text-Illustrationen nach authentischen Dokumenten und historischen Denkmälern, Porträts, Scenen, Aussichten, Inté-

rieurs, Plänen, Autographen, Staumbaum, etc., etc. — P. Frédéric
SCHRŒDER. In-8 de XXXII-648 pages. Einsiedeln (Schweiz) Benziger
et C°, 1891. Prix : 10 fr.

267. — **Vida de San Luis Gonzaga** (translatio est opusculi in Fran-
cia editi.) In-12 de 51 pages. Mexico, imprenta del Sagrado Corazon
de Jesus, Sepulcros de Santo-Domingo, n° 10. 1891. Prix : 75 cen
times.

268. — **Leven van den H. Aloysius van Gonzaga,** voorbeeld
en Patron der katholieke Jeugd. *(Vie de Saint Louis de Gonzague
modèle et patron de la jeunesse catholique).* — P. Lothaire JANS.
In-16 de 32 pages. Amsterdam, G. Borg, 1891.

269. — **Krotki rys zycia sw. Alojzego Gonzagi T. J.** na pamiontke trzechsetletniej rocznicy blogos lawionej smierci Anielskiego Mlodzienca skreslil ks. Alojzy FRIDRICH. *(Brevis delineatio
vitæ S. Aloisii Gonzagæ S. J. in memoriam tercentesimi anni
beati obitus Angelici Juvenis.)*— P. Louis FRIDRICH. In-8, 32 p.
cum multis illustrationibus. Cracovie, in typogr. ephem : Czas.

270. — **Prawdziwy Syn Maryi sw. Alojzy Gonzaga** na pamiontke 300 tetniej rocznicy smierci swientego. Pamiontka Kon-
gregacyi Maryanskiej i SS. Aniolow Strozow. W. Krakowie 1891, w
Drukarni Czazu. *(Verus Filius Mariæ S. Aloysius Gonzaga, in
memoriam 300-simi anniversarii obitus hujus Sancti. Memoriale
sodalitatis Marianæ et SS. Angelomm Custodum.)* In-16 de
47 pages Cracovie, in typographia « Czas ».

271. — **Life of St Aloysius Gonzaga.** — P. François GOLDIE.
In-18. London, Catholic. Truth Society. 1891. Prix : 1 d.

272. — **Vie de saint Louis de Gonzague** (broch. illust.) — P. Gabriel DEMARTIAL. In-32 de 32 pages. Abbeville, C. Paillart, 1891.
Prix : 15 c.

273. —**I trattati principali della vita di S. Luigi Gonzaga,**
brevemente narrati con analoghe considerazioni. — P. Joseph
VAGNOZZI. In-16 de 206 pages. Modena, tipogr. pontificia dell Imm.
Concez., 1891.

274. — **Epistolario di S. Luigi Gonzaga** *(Recueil de lettres de
saint Louis de Gonzague).* — P. NAPOLI. In-18 de XI-68 pages.
Salerne, typ. nation., 1891. Prix : 40 centimes.

275. — **Saint Louis de Gonzague étudiant.** A propos de son
troisième centenaire. — P. Henri CHÉROT.
Études, mai et juin 1891.

276. — Le 3ᵉ centenaire de la mort de saint Louis de Gonzague. — P. Adolphe LANGENDRIES.

Précis historiques, mai 1891.

277. — Beknopte Levenschets van den Eerbiedw. Claudius de la Colombière, priester der Societeit van Jesus (*Courte esquisse biographique du vén. Claude de la Colombière, prêtre de la Compagnie de Jésus*). — P. Gérard LUNTER. In-18 de 11 pages. La Haye, T. C. B. ten Hagen, 1891.

278. — Die vier letzten Jesuiten Düsseldorfs (*Les quatre derniers jésuites de Dusseldorf*). Vier Lebensbilder. Eine historische Skizze. — P. Henri THOELEN. In-8 de 38 pages. Dusseldorf, Deiters, 1891.

279. — Mgr Alexis Canoz, 1ᵉʳ évêque de Trichinopoly (1805-1888). — P. Pierre SUAU. In-16 de 394 pages avec un portrait. Paris, Retaux-Bray, 1891. Prix : 5 francs.

280. — Le Père Gabriel Magnes de la Compagnie de Jésus. — [P. Joseph TUSTER]. In-12 de 24 pages.

Notice biographique.

281. — Vie du Père Antoine Batut, religieux de la Compagnie de Jésus, ancien missionnaire au Maduré et directeur de l'École apostolique de Bordeaux. — P. Émile LABORDE. In-12 de VI-422 pages. Bordeaux, chez le direct. de l'École apostol., 1891.

282. — Cenni storici dei cinque fratelli Massa e della loro famiglia (*Notes historiques sur les 5 frères Massa et leur famille*). — P. Louis SICA. In-12 de 135-24 pages. Naples, bur. de la *Civiltà cattolica*, 1891.

283. — Erinnerungen an Augustin Link (*Souvenirs d'Augustin Link*), Priester der Gesellschaft Jesu, für des verstorbenen Freunde und Schüler gesammelt. — P. Aloysius PISCALAR. In-8 de 322 pages. Schwäb. Gmünd, Jos. Roth, vorm. Schmid'sche Buchh.

284. — Henri Tricard. — P. Georges LONGHAYE. Paris, Retaux, 1891.

285. — Joseph de Quatrebarbes de la Compagnie de Jésus. — P. René de la BÉGASSIÈRE. In-12 de II-110 pages. Paris, Schneider, 1891.

III. MISSIONS

286. — Lettres sur les missions dans le Chota-Nagpore (Bengale occidental). — P. Émile CANOY.

Précis historiques, mars et mai 1891.

287. — Lettres sur les missions dans le Chota-Nagpore (Bengale occidental). — P. Louis HACHENBECK.

Précis historiques, mars et juin 1891.

288. — Lettres sur la mission de Digghia dans le Chota-Nagpore (Bengale occidental). — P. Joseph WALRAVE.

Précis historiques, mars et juin 1891.

289. — Lettres sur les convertis du Barwai, dans le Chota-Nagpore (Bengale occidental). — P. Paul DEHON.

Précis historiques, mai 1891.

290. — Lettre sur la résidence des missionnaires à Ranchi, dans le Chota-Nagpore (Bengale occidental). — P. Paul FILLET.

Précis historiques, juin 1891.

291. — Lettre sur la conversion d'un prisonnier indigène à Ranchi, Chota-Nagpore. — P. Jean DE SMET.

Précis historiques, juin 1891.

MISTOIRE PROFANE

292. — Observations sur l'Histoire universelle de César Cantu.

Civiltà, 3 janvier, 7 fév., 7 mars, 4 avril et 2 mai 1891.

293. — History of the Middle Ages. — The papacy and the empire (*A codex for Private circulation only*).

    In-8, vol. I. Period   I,   63 pages.
                »   II, 65-149   »
                »   III,   86   »

    P. Antoine GUGGENBERGER. — Buffalo, Canisius College, 1891.

294. — Précis d'histoire contemporaine de 1789 à 1889. — Cahiers et tableaux d'histoire de France par F. GAZEAU, complétés, refondus et rédigés conformément aux progr. officiels de 1890, par Édouard PRAMPAIN, professeur d'histoire. — Classe de Philosophie, cours de Saint-Cyr. Tom. II. In-8 carré de XII-566 pages. Amiens, Piteux frères, 1891.

295. — **Des Hittim ou Héthéens,** et de leurs migrations.

Civiltà, 17 janvier, 21 fév., 18 avril et 20 juin 1891.

296. — **Un dernier mot au professeur Van Manen sur l'au-
thenticité de la correspondance de Pline avec Trajan.** —
P. Clément WILDE.

Studien, mai 1891.

297. — **Un empereur byzantin au dixième siècle.** — P. Jean
MARTINOV.

Revue des questions historiques, janv. 1891.

298. — **Szkice z Indyj** (*Esquisses des Indes*). — P. Martin CZER-
MINSKI. In-4 illustré de VIII-192 pages. Cracovie, Kluczycki, 1891.
Prix : 2 fl.

299. — **Hindowie i ich religia** (*Les Indous et leur religion*). —
P. Ladislas ZABORSKI.

Przeglad powszechny, juin 1891.

300. — **La Russie et l'Orient.** Mariage d'un tzar au Vatican :
Ivan II et Sophie Paléologue. — P. Paul PIERLING. In-16 carré de
VIII-212 p. Paris, Leroux, 1891.

301. — **Geneza nihilizmu w Rossji** (*Origine du nihilisme en
Russie*). — P. Stanislas ZALENSKI.

Przeglad powszechny, fév. 1891.

302. — **Historyczny rozwoj nihilizmu w Rosyi** (*Développe-
ment historique du nihilisme en Russie*). — P. Stanislas ZALENSKI.

Przeglad powszechny, avril, mai et juin 1891.

303. — **La faute de Wallenstein.** — P. Bernard DUHR.

Stimmen, fév. et mars 1891.

304. — **La Tradizione del pensiero italiano** (*La pensée italienne
à travers les siècles*). — P. Louis PREVITI. In-8 de XV-592 pages.
Rome, Befani, 1891.

305. — **Georg Arbogast,** Freiherr von und zu Frankenstein (*Georges
Arbogast, baron de Frankenstein*). (Ein Charakterbild.) — Sonder-
Abdruck aus den « *Stimmen aus Maria-Laach* » mit Porträt. —
P. Jacob FÆH. In-8 de 55 pages. Freiburg-i-B., Herder, 1891.
Prix : mk 0.80.

306. — **Le surintendant Foucquet, ami des livres.** — P. Henri
CHÉROT.

Études, janv. 1891.

307. — **Le surintendant Foucquet.** — P. Henri CHÉROT.
Revue des questions historiques, avril 1891.

308. — **Baron de Frankenstein.** — P. Jacob FÆH.
Stimmen, janvier et février, 1891.

309. — **Dr Nicholas Sander.** — P. John POLLEN.
English historical review, janv. 1891.

310. — **Louis Windthorst :** notice biographique. — P. Vincent BAESTEN.
Précis historiques, mars 1891.

311. — **Windthorst et Bismarck.** — P. Marian MORAWSKI.
Przeglad powszechny, avril 1891.

312. — **Tableau chronologique des principaux événements du mois** *(Études)* :
Janvier : P. Henri CHÉROT.
Février : P. Paul FORTIN.
Mars : P. Hippolyte MARTIN.
Avril : P. Raoul de SCORRAILLE.
Mai : P. Paul FORTIN.
Juin : P. Étienne CORNUT.

313. — **Aperçu du mouvement religieux, scientifique et social.** Chronique mensuelle. (*Przeglad powszechny*), janvier, février, mars, avril, mai et juin. — P. Martin CZERMINSKI.

GÉOGRAPHIE. — VOYAGES

314. — **Géographie de la France,** rédigée d'après le nouveau programme de l'examen du baccalauréat ès lettres, conformément au décret du 19 juin 1880, et accompagnée de 40 cartes coloriées, placées en regard du texte auquel elles correspondent. — P. Louis GARREZ. 4ᵉ édition. In-4 à 2 col. de 46 pages. Lille-Paris, Lefort, 1891.

315. — **Carte de Madagascar,** dressée par le R. P. Désiré ROBLET, missionnaire à Tananarive, à l'échelle de 1/1000,000, en 3 f. grand aigle. — La carte en feuille, 12 fr. ; collée, pliée avec étui ou montée sur rouleau, 20 fr.

Voir dans les *Études* du 15 mars 1891, p. 481 et suiv., un mélange du P. ROBLET sur la genèse de cette carte et une notice sur les médailles et distinctions que ce remarquable travail a values à son auteur.

316. — Marins et missionnaires : la campagne du Phoque ; occupation de la Nouvelle-Calédonie (3ᵉ et 4ᵉ partie). — P. Albert de SALINIS.

Études, janvier et février 1891.

317. — Le Pesennah Oeloe Manna à l'île de Sumatra. — P. Jean-Baptiste VAN MEURS.

Studien, mars, avril et mai 1891.

318. — Une visite à Philadelphie. — P. Jean HAGEN.

Stimmen, mars 1891.

319. — Ein Besuch am La Plata, mit 38 illustrationem (*Une visite au La Plata, avec 38 dessins*). — P. Ambroise SCHUPP. In-8 de XII-248 pages. Freiburg, Herder. Prix : Mk 4.

320. — Rund um Afrika. — Ein Buch mit vielen Bildern für die Iugend. — Zweite wesentlich erweiterte Auflage, mit einer grossen colorirten Karte von Afrika (*Tour de l'Afrique : livre illustré pour la jeunesse. — 2ᵉ édition augmentée, avec une grande carte coloriée de l'Afrique*). — P. Joseph SPILLMANN. In-4 de VIII-424 pages. Freiburg-i-B., Herder, 1891. Prix : Mk 7.50.

321. — Stanley dans l'Afrique noire. — P. Sybrand VAN DEN ANKER.

Studien, janvier 1891.

322. — Parmi les Coraïtes. — P. Georges TYRRELL.

Month, mai 1891.

ARCHÉOLOGIE

323. — L'assyriologie depuis onze ans (quatrième et dernier article). — P. Alphonse DELATTRE.

Revue des questions scientifiques, avril 1891.

324. — Azirou. — P. Alphonse DELATTRE. In-8 de 20 pages. London, Harrisson and sons, 1891.

Reprinted from the *Proceedings of the Society of biblical archeology,* mars 1891.

325. — Quelques lettres de Tell El-Amarna. — P. Alphonse DELATTRE. In-8 de 11 pages. London, Harrisson and sons, 1891.

Reprinted from the *Proceedings of the Society of biblical archeology,* avril 1891.

326. — Il cimitero di S. Ermete di Roma, in V. Soria vecchia. Articolo estratto della Civiltà cattolica, 21 marzo 1891. — P. Joseph BONAVENIA. In-8 de 17 pages. Roma, Befani, 1891.

327. — Erweiterung einer alten Kirche, mit Abbildung (*Agrandissement d'une vieille église, avec dessin*). — P. Étienne BEISSEL.

Zeitschrift für christliche Kunst, avril 1891.

328. — Bulletin archéologique.

Civiltà, 21 mars 1891.

LITTÉRATURE

PHILOLOGIE

PRÉCEPTES — CLASSIQUES

329. — Du latin comme instrument de formation intellectuelle. — P. Jean-Vincent BAINVEL.

Etudes, mai 1891.

330. — Die Sprachkunde und die Missionen : ein Beitrag zur Charakteristik der älteren katolischen Missionsthätigkeit (1500-1800). (*La connaissance des langues et les missions : document caractéristique de l'efficacité des anciennes missions catholiques*). 50 Ergänzungsheft « Stimmen » — P. Joseph DAHLMANN. In-8 de XI-128 pages. Freiburg-i-B., Herder, 1891. Prix : Mk. 1.70.

331. — Cours théorique et pratique de grammaire allemande. — P. Bernard REINERDING. In-8 de VIII-320 pages. Liège, Dessain, 1891. Prix : 2 francs.

332. — Disertacion sobre la ortografía Euskara (*Dissertation sur l'orthographe basque*). — [P. Joseph de ARANA]. In-4 de 67 pages.

333. — Etimologia de la voz « Bergara » (*Étymologie du mot « Bergara »*). — P. Joseph de ARANA.

Euskal-Erria, revue basque de Saint-Sébastien, tome XXIV, 1891.

334. — Les poètes arabes chrétiens. — P. Louis CHEÏKHO. 4e *fascicule* : Poètes de 'Adnân, tribu de Iliâs ibn Mudar. 5e *fascicule* : Poètes de 'Adnân, tribu de Qays 'Ilân ibn Mudar. 2 in-8 de 184 et 161 pages. Beyrouth, impr. cath., 1891. Prix : 6 francs et 5 francs.

335. — Alliance des maisons d'éducation chrétienne. Séances littéraires. — P. Pierre DALMAIS. Paris, Ch. Poussielgue, 1891.

> 1° **Pélage dans les Asturies.** — In-18 jésus de 51 pages. Prix : 0.75 c. Musique, accompagnement et chant par M. l'abbé CHÉRION.

> 2° **Saint-Louis en Egypte.** — In-18 jésus de 67 pages. Prix : 0.75 c. Musique, etc., par le R. P. Henri VALEUR.

> 3° **Marie, patronne de la jeunesse.** — In-18 jésus, de 51 p. Prix : 0.75 c. Musique, etc., par le R. P. DE BENOIT.

336. — Bärenjagd oder Wahrheit und Ehrlichkeit *(Chasse à l'ours, ou Vérité et probité)*. —Eine Beleuchtung der Ferlinden'schen Bärenjagd. — In-12. Elberfeld, Matthey, 1891. Prix : mk 0.10.

337. — Die sieben Finken. Märchen (*Les sept Pinsons. Conte*). — 2ᵉ édit. corrigée. — P. Ambroise SCHUPP. In-12 de 136 pages. Donauwörth, Auer. **Prix : 1 mark.**

POÉSIE

338. — Louis de Gonzague, drame historique en 1 acte, en vers. — P. Victor DELAPORTE. (2° édit.). In-16 de 38 pages. Toulouse, au *Messager du Cœur de Jésus*, 16, rue des Fleurs, 1891.

339.—Une page d'histoire de France. 1 acte en vers.—P. Victor DELAPORTE. (2ᵉ édit.). In-12 de 34 pages. Paris, Retaux-Bray, 1891.

340. — Jeunesse et Charité. Poème. —P. Victor DELAPORTE. In-12 de 4 pages. Plusieurs tirages. Versailles, Lebon, 1891.

341. — Cantique populaire à saint Louis de Gonzague. *Quid hoc ad æternitatem ?* Paroles du R. P. Victor DELAPORTE. Musique du R. P. Ismael GONDARD. Le Mans, Monnoyer, 1891. La douzaine : 0.50 cent. ; le cent : 4 francs. Le chant avec l'accompagnement, grand format, net : 0.60 centimes.

342. —Cantique à saint Louis de Gonzague. *En Avant!* Paroles du R. P. Victor DELAPORTE. Musique du R. P. Ismael GONDARD. Le Mans, Monnoyer, 1891. La douzaine : 0,50 centimes ; le cent : 4 francs. Le chant avec l'accompagnement, grand format, net : 0.60 centimes.

343. — Théatre chrétien : **Jean de La Valette, Connor O'Nial, les Flavius, Bouvines, Helvetia, Campian, Canossa, la Confédération de Bar. Comédies. Epîtres.** — P. George Longhaye. Deux vol. in-8 de XXVI-538 et 494 p. Paris, Retaux, 1891. Prix : 12 fr.

344. — **Trois petites poésies basques pieuses.** — P. Joseph de Arana.

Euskal-Erria, revue basque de Saint-Sébastien, tome XXIV, 1891.

345. — **Uit myn Lente.** Gedichten (*De mon Printemps. Poésies*). — P. Guillaume De Veer. In-12 de 96 pages. Vucht, Société Bogaerts, 1891.

346. — **Den Weg entlang.** Gedichte. 4ᵉ vermehrte Aufl. der Heimath-weisen aus der Fremde (*Le long du chemin. Poésies*). — P. Guillaume Kreiten. In-12 de VIII-596 pages. Paderborn, Schöningh.

347. — **L'Atlantide du poète catalan Jacinto Verdaguer.** — P. Alexandre Baumgartner.

Stimmen, février 1891.

CRITIQUE LITTÉRAIRE — HISTOIRE LITTÉRAIRE

348. — **Manuel littéraire, 2ᵉ partie** : *Études littéraires sur les auteurs français.* Nouvelle édition. — P. Pierre Mestre. In-12 de 564 p. Lyon, Delhomme et Briguet, 1891.

349. — **Bossuet et la Bible** : Étude d'après les documents originaux. — P. René de la Broise. In-8 de LII-454 pages. Paris, Retaux, 1891.

350. — **Le Livre du P. de la Broise** : Bossuet et la Bible. — P. Joseph Le Génissel.

Précis historiques, mai 1891.

351. — **Le merveilleux dans la littérature française sous le règne de Louis XIV** (Thèse). — P. Victor Delaporte. In-8 de 424 p. Paris, Retaux, 1891.

352. — **De historia Galliæ publica, privata, litteraria, regnante Ludovico XIV latinis versibus a Jesuitis Gallis scripta.** Thesim facultati litterarum parisiensi proponebat P. Victor Delaporte. In-8 de 183 pages. Paris, V. Retaux et fils, 1891. Prix : 5 fr.

353. — Étude sur Fray Gerundio et sur son auteur le P. José Francisco de Isla (1703-1791). Thèse présentée à la Faculté des Lettres de Toulouse, par Bernard GAUDEAU, licencié ès lettres. In-8 de xxiii-568 p. Paris, Retaux-Bray, 1890.

Nouveau titre : **Les Prêcheurs burlesques en Espagne au XVIIIᵉ siècle.** Étude sur le P. Isla, par le P. Bernard GAUDEAU, S. J., docteur ès lettres, 1891. Prix : 7 fr. 50.

354. — De Petri Ioannis Perpiniani vita et operibus. Accedunt nonnulla opera Perpiniani nondum edita. Thesim Facultati litterarum Tolosanæ proponebat Bernardus GAUDEAU. Gr. in-8 de ix-207 p. Parisiis, apud Retaux-Bray, editorem, 1891.

Nouveau titre : **De Petri Ioannis Perpiniani vita et operibus (1530-1556.)** Disserebat P. Bernardus GAUDEAU, S. J. Accedunt nonnulla opera Perpiniani nondum edita cum latino, tum hispano sermone conscripta. Prix : 5 fr.

355. — Récits et Légendes, 6ᵉ édit. 2ᵉ série. — P. Victor DELAPORTE. In-8 de 280 p. Paris, Retaux, 1891.

356. — Les malfaiteurs littéraires. Troisième partie : le théâtre. — P. Étienne CORNUT.
Études, janv. 1891.

357. — Le « Blaise Pascal », de M. Joseph Bertrand et la critique. — P. Henri CHÉROT.
Études, févr. 1891.

358. — Berryer orateur politique et judiciaire (dernière partie). — P. Gaston SORTAIS.
Études, févr. 1891.

359. — Louis Veuillot : étude morale et littéraire. — P. Étienne CORNUT. In-8 de xi-251 p. Paris, Retaux, 1891. Prix : 4 fr.

360. — Louis Veuillot. — P. Victor DELAPORTE.
Études, juin 1891.

361. — Renkopisy Sarbiewskiego (*Manuscrits de Sarbiewski*). — P. Vlodimir PIATKIEWICZ.
Przeglad powszechny, févr. 1891.

362. — « Laska marszalkowska » Sarbiewskiego (*Bâton de maréchal, sermon de Sarbiewski*). — P. Vlodimir PIATKIEWICZ.
Przeglad powszechny, mars et avril 1891.

1891
Janvier-Juin.
Critique
littéraire.
Histoire
littéraire.

363. — Tlumaczenia z Sarbiewskiego (*Traductions des poésies de Sarbiewski*). — P. Vlodimir PIATKIEWICZ.

Przeglad powszechny, mai 1891.

364. — Kaznodziejska dzialalnosc Sarbiewskiego (*Œuvres oratoires de Sarbiewski*). — P. Vlodimir PIATKIEWICZ.

Przeglad powszechny, juin 1891.

365. — Une lettre inédite du P. Pierre Le Moyne à Jean Elzévier, avec fac-similé en phototypie. — P. Henri CHÉROT. In-8 de 16 p. Langres, Ballet-Bideaud, 1891.

366. — La Pastorale de l'archevêque Benson. — P. John MORRIS.

Month, mars 1891.

367. — Bulletin littéraire. Poètes et poèmes. — P. Victor DELAPORTE.

Études, mars 1891.

BIBLIOGRAPHIE

368. — Un grand ouvrage bibliographique : la Bibliothèque des écrivains de la Cⁱᵉ de Jésus. — P. Albert PONCELET.

Bibliographie.

Précis historiques, avril 1891.

369. — A propos de Bibliographie; critique et réclame. — P. Joseph BURNICHON.

Études, avril 1891.

370. — Une nouvelle édition des œuvres de saint Avit. — P. Albert PONCELET.

Université catholique, 15 févr. 1891.

371. — L'imprimerie orientale de l'Université catholique de Beyrouth. — P. Henri LAMMENS.

Précis historiques, janvier 1891.

372. — Orientalia. Catalogue spécial et spécimens des caractères de l'imprimerie catholique. Beyrouth (Syrie). In-8 de 70 pages. Beyrouth, imprimerie catholique, 1891.

Adresser les correspondances au « *Directeur de l'Imprimerie catholique, Beyrouth (Syrie).* » — Correspondance en français, allemand, anglais, espagnol, italien et arabe.

373. — Courrier russe. — P. Jean MARTINOV.
Revue des questions historiques, avril 1891.

VARIA

374. — **Conspectus brevis status Provinciæ Neerlandicæ Soc. Jesu, a 1887,** quo toto orbe celebratur Summ. Pont. Leo XIII sacra semisœcularia faciens (ad usum NN). — P. Henri Van Born. In-18 de 30 pages. Hagae Comitio, F. C. B. Ten Hagen, 1891.

375. — **Élèves de l'Externat Saint-Joseph de Lyon.** Année scolaire 1890-1891. In-32 de 53 pages. Lyon, Pitrat ainé.

376. — **Le sanctuaire de la Mentorella (en Sabine) et le R. P. Kircher,** S. J. Étude historique et archéologique sur les travaux du P. Kircher. — P. Arthur Vermeersch.
   Précis historiques, mars 1891.

377. — **Der heilige Rock zu Trier.** (*La sainte Robe à Trèves*). — P. Louis de Hammerstein. 62 p. Berlin, Germania (Katholische Flugschriften zur Wehr und Lehr). Prix : 10 marks.

378. — **Geschichte des heiligen Rockes.** — Verkürzte ausgabe. — (*Histoire de la Sainte Robe. — Édition abrégée*). — P. Étienne Beissel. In-8 de 132 p. Trier, Paulinus Druckerei. Prix : Mk 0 90.

379. — **Das heilige Haus zu Loreto** (*La Sainte Maison de Lorette*). — P. Étienne Beissel. In-12 de 36 p. Freiburg-i-B., Herder, 1891.

380. — **Les jeux de collège.** 3ᵉ édition. — P. P. Charles de Nadaillac et Joseph Rousseau. In-8 de 228 p. avec planches et figures. Paris, Delalain, 1891. Prix : 2 fr. 25.

381. — **Les jeux de collège.** — P. Victor Delaporte.
   Études, avril 1891.

382. — **Éloge funèbre de S. A. R. le prince Baudouin,** adressé aux élèves du collège Saint-Michel, le 4 février 1891. — P. Auguste Castelein. In-8 de 19 p. Bruxelles, Polleunis et Ceuterick, 1891. Prix : 30 c.

383. — **L'origine asiatique de la race noire.** — P. Joseph Van den Gheyn.
   Revue des questions scientifiques, avril 1891.

384. — **L'Algérie.** Colonisation et assimilation. — P. Joseph Burnichon.
   Études, juin 1891.

385. — **L'armée du Salut et les Ténèbres de l'Angleterre** (traduit de l'anglais). — P. Richard CLARKE.

Précis historiques, février et mars 1891.

386. — **La Lorraine et l'Alsace à Lourdes en 1890.** Manuel du pèlerinage lorrain à Notre-Dame de Lourdes : article critique. — P. Joseph ORHAND.

Journal de la Meurthe et des Vosges, 29 avril 1891.

387. — **La lutte à l'heure présente**, d'après un récent ouvrage de l'abbé J. Lemann. — P. Jules LINTELO.

Précis historiques, avril 1891.

388. — **Amour égoïste et non égoïste.** — P. Charles BLOUNT.

Month, juin 1891.

389. — **Le rassemblement des aigles autour du cadavre.** — P. Herbert LUCAS.

Month, fév. 1891.

390. — **Le trésor de reliques de la maison de Brunswick-Lunebourg.** — P. Étienne BEISSEL.

Stimmen, mai 1891.

391. — **Van den Duiwele.** Et tweide Preuweken int der plattduitschen Mucke. Van Autun Willdeygud. — P. Antoine DAVID. In-12 de 87 pages. Paderborn, Bonifacius Druckerei, 1891.

392. — **A quoi servent les fortifications de Rome.**

Civiltà, 16 mai 1891.

393. — **Les diableries du siècle passé.**

Civiltà, 3 et 17 janv., 21 fév., 7 et 21 mars, 4 et 18 avril, 2 mai, 6 et 20 juin 1891.

394. — **Récits des temps passés.** — E. Armala. [P. Adalbert RAMEL]. In-12 de 119 pages. Limoges, Eugène Ardant et Cie, 1891.

395. — **L'Héroïsme d'une Mère.** — **Le Calife de Bagdad** (Histoires orientales). — E. Armala. (P. Adalbert RAMEL). In-12 de 119 p. Limoges, Eugène Ardant et Cie, 1891.

396. — **Le Royal Ménestrel.** — E. Armala. [P. Adalbert RAMEL]. In-12 de 72 pages. Limoges, Eugène Ardant et Cie, 1891.

397. — **La France d'autrefois.** — Patriotisme et trahison. — E. Armala. [P. Adalbert RAMEL]. In-12 de 143 pages. Limoges, Eugène Ardant et Cie, 1891.

398. — **Sceptra mortis.** — Erklärender Text (*Sceptre de la mort.
— Texte explicatif*). — P. Guillaume KREITEN. In-8 de 26 pages.
M. Gladbach, B. Kühlen.

> **Sceptra mortis.** Ein biblischer Todtentanz. 15 Kunstblätter
> nach den Original-Cartons zu den Gemälden in der St Michaels-
> capelle zù Mergentheim, von prof. Tobias Weiss, mit erklären-
> dem Texte von **P. G. KREITEN** (*Le sceptre de la mort. Danse
> macabre biblique. 15 dessins d'après les cartons originaux des
> peintures de la chapelle Saint-Michel, de Mergentheim, par le
> prof. Tobie Weiss, avec texte explicatif du P. Guillaume
> KREITEN*).

PÉRIODIQUES

399. — **Archiv für Litteratur und Kirchengeschichte des
Mittelalters** (*Archives de la littérature et de l'histoire ecclésiastique du moyen âge*). Bimestriel. Publié par le P. Denifle, O. P., et
le P. Fr. EHRLE, S. J. Fribourg-en-B., Herder. 20 mk. (Province de
Germanie).

400. — **Bachir** (*Messager*). Journal hebdomadaire rédigé et publié à
l'Université Saint-Joseph de Beyrouth. Directeur : P. Salomon
GHANEM. (Province de Lyon.)

401. — **Bombay Examiner**, journal hebdomadaire de nos Pères de
Bombay. (Province de Germanie.)

402. — **Bulletin mensuel de l'Observatoire magnétique et
météorologique de Zi-Ka-Wei** près Shang-haï (Chine), fondé
et dirigé par les missionnaires de la Compagnie de Jésus. Directeur:
P. Stanislas CHEVALIER. Typographie de la mission catholique, à
l'orphelinat de Tou-sè-wè. (Province de Paris.)

403. — **Cheng-sin-pao** (*Messager du Sacré-Cœur*), rédigé par le
P. Laurent LI. Mensuel, in-12. A l'Orphelinat de Tou-sè-wè.

404. — **Civiltà cattolica.** 42e année. Revue bi-mensuelle. In-8,
8 feuilles (128 pages). Rome, Alessandro Befani, Via Celsa, 8. Directeur : P. François BERARDINELLI. Les articles ne sont pas signés.
(Provinces d'Italie).

> Outre les articles de fond, mentionnés à leur place dans notre catalogue, la
> *Civiltà* publie dans chacun de ses numéros une revue de la presse et une
> chronique de la quinzaine.

405. — Études religieuses, philosophiques, historiques et littéraires. Revue mensuelle. Livraisons de 10 ou 11 feuilles in-8 (160-176 pages) ; trois volumes par an. 28ᵉ année, tomes LII, LIII et LIV. Paris, Retaux-Bray. Directeur : P. Raoul DE SCORRAILLE. Rédaction : rue Monsieur, 15. — France, 20 fr. Union postale, 23 fr. (Provinces de France.)

— Partie bibliographique (Ancienne *Bibliographie catholique*). Elle paraît à la fin de chaque mois, par livraisons de 4 à 5 feuilles (64 à 80 pages), format et caractères des *Études*. Même direction et même administration. — France, 12 fr. ; étranger, 13 fr. Pour les abonnés des *Études* : France, 7 fr. ; étranger, 8 fr. (Provinces de France.)

406. — Highlander. Revue mensuelle, publiée par les élèves du Collège du Sacré-Cœur, à Denver (Colorado). Tome IV. 1890-1891. Grand in-4 de 16 pages à la livraison. (Province de Naples).

407. — Indo-European. Journal hebdomadaire de nos Pères de Calcutta. (Province de Belgique.)

408. — Intencya miesienczna czyli Poslaniec Apostolstwa Serca Jezusowego (*Les intentions de l'Apostolat du Sacré-Cœur*). Mensuel. In-16 de 32 pages illustré. — Directeur : P. Michel MYCIELSKI. Cracovie, Kluczycki. Tirage : 125,000 exemplaires. Prix du fascicule : 2 kr. (Province de Galicie.)

409. — Irish Monthly (*Irlandais mensuel*). Revue mensuelle sous la direction du P. Mathieu RUSSELL. Petit in-8 par livraisons de 60 pages environ. Prix, 7 schillings. Dublin, Gill and Son. (Province d'Irlande.)

410. — Jézus szentséges Szivének Hirnöke (*Messager du S. C. de Jésus*). Mensuel. P. Michel TÒTH. In-8 de 370 p. Budapest, Franklin-Társulad, 1891. Prix : 1 fl. 50. (Province d'Autriche.)

411. — Kaniçat oul Kathoulikyat (*L'Église catholique*). Revue arabe bi-mensuelle, publiée à Beyrouth sous la direction des Pères de l'Université Saint-Joseph (comme le *Bachir*). Elle a été accueillie avec une vive reconnaissance par les Patriarches de tous les rites, maronite, syrien, grec, latin. — (4ᵉ année). Beyrouth, imprimerie catholique. (Province de Lyon).

412. — Katholieke Missien, in Verbinding met het Lyonsche Weekblad tot Voortplanting des Geloofs (*Missions catholiques*, en union avec la Revue hebdomadaire de Lyon pour la propagation de la foi). Directeur : P. Arnold DÜFFELS, à Maëstricht. (Province de Hollande.)

> Les *Missions catholiques* paraissent à Bois-le-Duc, en livraisons mensuelles de 24 pages in-quarto, illustrées d'un grand nombre de gravures. L'abonnement est de 5 florins 20. — 16ᵉ année.

413. — **Katholische Missionen**. Illustrirte Monatschrift (*Les Missions catholiques*. Revue mensuelle illustrée). Paraît en livraisons de deux ou trois feuilles in-4, avec un supplément semi-mensuel « pour la jeunesse ». Directeur : P. Augustin LANGHORST. Prix par année : 4 M. Herder, Fribourg-en-Brisgau. (Province de Germanie.)

414. — **Lettres des Scolastiques de Jersey**. Vol. X. Nᵒ 1. Mai 1891. In-8 de 160 p. Desclée.

> Nos Pères et Frères sont instamment priés de ne pas communiquer ces *Lettres* aux étrangers et de ne pas en publier d'extraits sans une autorisation expresse du R. P. Provincial.
>
> Pour tout ce qui concerne la rédaction, s'adresser à M. H. Fouqueray, Maison Saint-Louis, à Sainte-Hélier, Jersey (Iles de la Manche).

415. — **Lettres des Scolastiques d'Uclès**. 2ᵉ série. Tome I, nᵒ 3, p. 267-439.

416. — **Lettres de Mold**. Tome V, fascic. 3, p. 365-643. — Bruxelles, impr. Polleunis, 1891.

> Ces *Lettres* ayant un caractère absolument confidentiel, on est prié de ne pas les communiquer aux personnes étrangères à la Compagnie, sans l'autorisation du R. P. Provincial.

417. — **Lyceum**. A monthly educational and litterary Magazine and Review. In-4 de 32 pages. 5 sh. Dublin, Nassau str., 24. Directeur : P. Thomas FINLAY. Les articles ne sont pas signés. (Province d'Irlande.)

418. — **Maandrozen ter eere van het H. Hart van Jezus** en ter verbreiding van het Apostolaat des gebeds (*Roses mensuelles* en l'honneur du Sacré-Cœur de Jésus et pour la propagation de l'Apostolat de la prière.) Sous la direction du P. Rodolphe PIERIK. Amsterdam, G. Borg.

> Les *Maandrozen* paraissent chaque mois en livraisons de 48 pages au moins, format in-8ᵒ. — L'abonnement est de 2 flor. 20.

419. — **Maria (Szüz) Viragos Kertje** (*Jardin de la S. Vierge Marie*). Mensuel. Directeur : P. Michel TÓTH. In-8 de 368 pages. Budapest, Franklin-Társulad, 1891. Prix : 1 flor. (Province d'Autriche-Hongrie).

1891
Janvier-Juin.
Périodiques.

420. — Mensajero del Corazon de Jesús y del Apostolado de la oracion. Revue mensuelle. 25ᵉ année. Livraisons in-8 de 80 pages. Directeur, P. Jules ALARCON. Bilbao, Plazuela de Santiago, 1. (Province de Castille.)

C'est au mois de janvier 1866 que le *Mensajero* parut pour la première fois à Barcelone avec ce titre : *El Mensajero del Corazon de Jesús*, Bulletin mensuel de l'Apostolat de la prière, sous la direction du R. P. H. Ramière, de la Compagnie de Jésus, traduction espagnole adaptée aux usages et aux besoins de ce pays, avec l'autorisation de l'auteur, par le Dʳ don José Morgades y Gili, chanoine pénitencier de cette église et directeur central de l'œuvre en Espagne. Le fondateur du *Messager* espagnol est l'évêque actuel de Vich.

La première série compte 35 volumes in-8. Chaque numéro avait ordinairement 64 pages. La deuxième série commence en 1883, sous la direction de la Compagnie. Elle compte 5 volumes de même format avec quelques illustrations.

La troisième série part de 1886. Chaque fascicule a 80 pages petit in-8, sans illustrations. A partir de cette date, on a publié en même temps un *Messager des Sacrés Cœurs de Jésus et de Marie* en 32 pages, petit in-8; mais cette *petite édition* du *Messager* a été fondue dans la grande édition dès le commencement de 1890. Cette dernière compte depuis lors 100 pages chaque mois.

421. — Mensajero del Corazon de Jesús y del Apostolado de la oracion. Revue mensuelle. 3ᵉ année. In-8 de 72 pages environ. Prix : 7,50. Mexico, Imprenta del Sagrado Corazon de Jesús, Sepulcros de Santo Domingo, 10. Directeurs : PP. André RIVAS et Laurent VERES. (Province de Mexique).

R. P. Rivas præter alia plura auctor est eorum omnium quæ in citato *Mensajero* inscribuntur hoc titulo : *Broche de Oro*, quæque in eo sunt ut separatim edantur in volumine mox imprimendo.

422. — Messager du Cœur de Jésus. Revue mensuelle. Petit in-8 de 128 pages avec gravures. Toulouse, rue des Fleurs, 16. Prix : 5 fr. Directeur, P. Émile RÉGNAULT. (Province de Toulouse.)

Le *Messager du Cœur de Jésus* est le principal bulletin de l'Apostolat de la Prière ou ligue du Sacré Cœur. Il paraît tous les mois, depuis juin 1861, et comprend actuellement 57 volumes. Il a 23 éditions en langues étrangères, dont 2 en allemand, 5 en anglais, 1 en bas-breton, 1 en langue bohémienne, 1 en chinois, 5 en espagnol, 1 en flamand, 1 en hongrois, 2 en italien, 1 en polonais, 1 en portugais, et 1 en tamoul.

Le *Petit Messager du Cœur de Jésus* est comme le supplément populaire et mensuel du *Messager*. Les deux publications ensemble ont, pour l'édition française, 65,000 abonnés, et pour toutes les éditions réunies, 300,000 environ.

Le *Messager* publie chaque mois un article de son directeur sur l'intention du mois désigné par le Cardinal protecteur. Cet article est traduit et reproduit avec des variantes dans toutes les éditions étrangères. Chaque livraison contient également, sous la rubrique *Des amis du Cœur de Jésus*, une biographie édifiante.

423. — Messenger of the Sacred Heart. (*Messager du Sacré-Cœur*, édition anglaise). Prix : 1 s. 6 d. pour le Royaume-Uni. St-Helen's, Lancashire, *Messenger Office*. Directeur, P. Aug. Dignam (Province d'Angleterre).

L'édition anglaise du *Messager* a commencé en 1868. 40 volumes ont paru jusqu'à ce jour. Son tirage actuel est de 20,000 exemplaires.

424. — Messenger of the Sacred Heart. Organe officiel de l'*Apostolat de la Prière*, Ligue du Sacré Cœur. Mensuel. Illustré. 25ᵉ année. Directeur : P. Raphaël Dewey. Philadelphie, Pa., 114, South third Str. (Province de Maryland.)

Au mois de juin 1889, le *Messager* de Philadelphie a commencé la publication d'un supplément trimestriel. Ce supplément renferme quelques traités théologiques ou ascétiques et forme chaque fois un petit volume in-12 de 150 pages environ. Chaque numéro 25 cents ; pour l'année, 1 dollar.

425. — Missye Katolickie (*Missions catholiques*). Publication mensuelle illustrée. In-4. Livraisons de 32 pages. Fondée par nos PP. de la province de Galicie en 1882. Tirage : 3,300 exemplaires. Directeur : P. Martin Czerminski. Cracovie, Kluczycki. Prix : 4 florins par an. (Province de Galicie.)

426. — Month. A Catholic Magazine and Review (*Le Mois*. Magasin et revue catholique). Mensuel. In-8 de 9 à 10 feuilles. London, 48, South st., Grosvenor sq. Directeur : P. Richard F. Clarke, University College, Dublin. Administration, Manresa-House, Roehampton. (Province d'Angleterre.)

Plusieurs des articles du *Month* sont signés de rédacteurs étrangers à la Compagnie.

427. — Notes d'art et d'archéologie. Publication mensuelle de la Réunion artistique de la rue de Sèvres, sous la direction du P. Charles Clair. Grand in-8 de 24 pages avec dessins. Prix : 10 fr. On s'abonne chez J. Mersch, imprimeur, place Denfert-Rochereau, 22, Paris. (Province de France.)

428. — Novo Mensageiro do Coração de Jesus, orgao mensal do apostolado da oração, Liga do Coração de Jesus e da Comunhão reparadora. Revue mensuelle. In-8 de 64 à 80 pages. Organe de l'apostolat de la prière en Portugal, dans ses colonies et au Brésil. Prix : 1,000 reis (5 fr. 75). Lisbonne, rua do Quelhas, 6. (Province de Portugal.)

Cette édition a commencé à paraître en 1881 ; elle en est à son 11ᵉ volume. Elle tire à 4.200 exemplaires. C'est le journal religieux le plus répandu dans tout le pays. Le patriarche de Lisbonne, le cardinal-évêque de Porto et l'évêque de Daimantina (Brésil), ont attaché des indulgences à la lecture du *Mensageiro*.

429. — Observaciones magnéticas y meteorológicas, hechas en el Observatorio del Real Colegio de Belem, de la Compañia de Jesus, en la Habana. Publication trimestrielle, in-f°, avec planches. P. Benito VIÑES. La Havane, Imp. de *El Español.* (Province de Castille.)

430. — Pastoral Gazette. Journal mensuel, organe de Mgr l'archevêque de Bombay. (Province de Germanie.)

431. — Petit Messager du Cœur de Marie. Second bulletin mensuel de l'Apostolat de la prière et de la communion réparatrice. Organe spécial des Congrégations de la Sainte-Vierge. In-16 de 32 pages. Prix : 1 fr. 50. Rue des Fleurs, 16, Toulouse. Directeur : P. Émile RÉGNAULT. (Province de Toulouse.)

432. — Pilgrim of our Lady of Martyrs, or Little Messenger of the Sacred Heart (*Pèlerin de N.-D. des Martyrs, ou Petit Messager du S.-C.*) Mensuel. In-8. Directeur : P. R. DEWEY. (Province de Maryland.)

433. — Précis historiques. Mélanges religieux, littéraires et scientifiques. In-8. Paraissant une fois par mois en livraisons de 48 pages ou plus, et formant chaque année un volume d'environ 600 pages. Directeur : P. V. BAESTEN, rue des Ursulines, 14, Bruxelles. Éditeur : Alfred Vromant, rue de la Chapelle, 3, Bruxelles. Prix : 5 francs pour la Belgique ; 7 fr. pour l'union postale ; 10 fr. pour les pays d'outre-mer. (Province de Belgique.)

Le but spécial de cette Revue, qui compte 39 ans d'existence, est de vulgariser l'*Histoire religieuse de la Belgique.* La première série va de 1852 à 1871. Elle comprend 20 volumes. Prix : 150 fr. La seconde série, de 1872 à 1889, comprend 18 volumes. Il existe une table des matières pour la première série ; prix : 5 fr.

434. — Przeglad powszechny (Revue universelle). Publication mensuelle, d'environ 160 pages par mois. 20 fr. Cracovie, Anczyc i Spolki. Directeur : P. Marian MORAWSKI. (Province de Galicie.)

Le *Przeglad powszechny* a été fondé par nos Pères à Cracovie en 1884, et se rédige en langue polonaise. Il tirait pendant les premières années à 1,600 exemplaires ; mais, l'entrée de la Russie lui ayant été interdite, ce chiffre s'est abaissé à 1,200. La Revue traite les questions religieuses et scientifiques actuelles, ainsi que les sujets littéraires et artistiques. (Note du Directeur.)

435. — Regno di Gesù Cristo. Publication mensuelle, rédigée par les membres de la Société des Fastes Eucharistiques. Directeur : P. Jean-Marie SANNA SOLARO. In-8 de 32 pages. Direction et administration à Turin, rue Barbaroux, 29. Prix : Italie, 4 lire ; étranger, 5 lire. (Seconde année.)

436. — Revista Católica. Publication hebdomadaire de 12 pages in-4. 17ᵉ année (1891). Prix : aux États-Unis : 3 dollars. Las Vegas, Nouveau Mexique. Directeur : P. Alph.-M. Rossi. (Province de Naples.)

> La *Revista catolica* fut fondée en janvier 1875. La collection entière comprend 15 volumes. C'est le seul périodique religieux en espagnol publié dans les quatre États du Nouveau Mexique, du Colorado, du Texas et de l'Arizona.

437. — Revue catholique des Institutions et du Droit, par une société de jurisconsultes. 20ᵉ année. Par livraisons de 6 feuilles in-8 (96 pages). Prix : 12 fr. ; pour les ecclésiastiques, 10 fr. La collection comprend 33 volumes. Revue mensuelle, sous la direction du P. Jules Sambin. Grenoble, Baratier et Dardelet ; Paris, Lecoffre. (Province de Lyon.)

438. — Sendbote des Goettl. Herzens Jesu. (*Le Messager du Sacré-Cœur de Jésus*, édition allemande.) Mensuel. Directeur : P. Pierre Guglberger. Grand in-8 de 384 p. Innsbruck, Rauch, 1891. Prix : 1 flor.

439. — Stimmen aus Maria-Laach. Katholische Blætter (*Voix de Maria-Laach.* Revue catholique). Paraît toutes les cinq semaines en livraisons d'environ 120 pages. Cinq livraisons forment un volume. Directeur : P. Augustin Langhorst. Rédaction : Exaeten par Baexem (Limbourg hollandais). Éditeur : Herder, à Fribourg en Brisgau (Bade). Prix de l'abonnement annuel : 10 M. 80. (Province de Germanie).

> « La *Table* des *Stimmen aus Maria-Laach* embrasse trois séries. La première série expliquait et réfutait en 12 livraisons les principales erreurs modernes, condamnées par l'Encyclique pontificale du 8 décembre 1864 et réunies dans le *Syllabus.* La seconde traita, pendant les préparatifs du concile du Vatican et durant le concile même, les diverses questions d'actualité et de controverse qui se rapportaient à l'assemblée conciliaire.
>
> » En 1871, les cahiers, jusque-là sans ordre périodique, furent transformés en une Revue paraissant régulièrement. La Table comprend les 25 premiers volumes de cette série. Enfin, pour pouvoir consacrer à des questions détachées une discussion plus large et suivie, on ajouta aux *Stimmen,* à partir de 1876, des *Suppléments* sans ordre fixe.
>
> » La deuxième partie de la Table s'étend aux 25 premiers volumes des *Stimmen* et aux 6 premiers des *Suppléments.* De toutes les tables que nous connaissons, celle-ci est la plus parfaite. » (*Katholische Bewegung.*)

440. — Studien op godsdienstig, wetenschappelijk en letterkundig gebied (*Études dans le domaine religieux, scientifique et litté-*

NOMS DES AUTEURS

D'ARTICLES BIBLIOGRAPHIQUES

443. — ABT Emmanuel (*Études*).

444. — ADIGARD Sylvain (*Id.*).

445. — ALRIC Jean-François (*Id.*).

446. — ARNDT Augustin (*Przeglad*).

447. — AURIAULT Jules (*Études*).

448. — BAUMGARTNER Alexandre (*Stimmen*).

449. — BRAUNSBERGER Otto (*Id.*).

450. — BAGNEAUX (de) Robert (*Études*).

451. — BEAUPUY (de) Camille (*Id.*).

452. — BEISSEL Etienne (*Études, Stimmen*).

453. — BESSON Jules (*Études*).

454. — BLIARD Pierre (*Id.*).

455. — BOULANGÉ Édouard (*Id.*).

456. — BOUSSAC Louis (*Id.*).

457. — BOUTIÉ Louis (*Id.*).

458. — BROISE (de la) René (*Id.*).

459. — BRUCKER Joseph (*Id.*).

460. — BRUCKER Pierre (*Id.*).

461. — BURNICHON Joseph (*Id.*).

462. — CHÉROT Henri (*Id.*).

463. — CHESNAY Paul (*Id.*).

464. — COMIRE Lucien (*Id.*).

465. — CORNUT Étienne (*Id.*).

466. — CZERMINSKI Martin (*Przeglad*).

467. — DECOSTER Louis (*Études*).

468. — **Delaporte** Victor (*Id.*).

469. — **Delbrel** Joseph (*Id.*).

470. — **Delsaux** Joseph (*Revue des questions scientifiques*).

471. — **Despont** Henri (*Études*).

472. — **Fagan** Jean (*Id*).

473. — **Fontaine** Julien (*Id.*).

474. — **Frick** Charles (*Stimmen*).

475. — **Granderath** Théodore (*Id.*).

476. — **Grisar** Hartmann (*Zeitschrift*).

477. — **Guipon** Lucien (*Études*).

478. — **Hurter** Hugues (*Zeitschrift*).

479. — **Kern** Joseph (*Id.*).

480. — **Knabenbauer** Joseph (*Stimmen*).

481. — **Kreiten** Guillaume (*Id.*).

482. — **Lehmkuhl** Augustin (*Id.*).

483. — **Loubière** Laurent (*Études*).

484. — **Martin** Hippolyte (*Id.*).

485. — **Mavel** Joseph (*Id.*).

486. — **Mercier** Victor (*Id.*).

487. — **Michaël** Émile (*Zeitschrift*).

488. — **Morawski** Marian (*Przeglad*).

489. — **Motte** Paul (*Études*).

490. — **Mury** Paul (*Id.*).

491. — **Nilles** Nicolas (*Zeitschrift*).

492. — **Pachler** Guillaume (*Stimmen*).

493. — **Pacheu** Jules (*Études*).

494. — **Perger** Augustin (*Études*).

495. — **Pfülf** Othon (*Stimmen*).

496. — **Piffard** Alfred (*Études*).

497. — **Plantier** Émilien (*Id.*).

498. — POULAIN Auguste (*Id.*).

499. — PRA Joseph (*Id.*).

500. — PUJO Eugène (*Id.*).

501. — PYDYNKOWSKI Henri (*Przeglad*).

502. — RÉGNON (de) Théodore (*Études*).

503. — RIVIÈRE Ernest (*Id.*).

504. — ROURE Lucien (*Id.*).

505. — RINZ Bède (*Zeitschrift*).

506. — ROUVIER Frédéric (*Études*).

507. — SASSE Jean-Baptiste (*Stimmen*).

508. — SCHMID Théodore (*Id.*).

509. — SCHMITZ Gaspar (*Revue des questions scientifiques*).

510. — SCORRAILLE (de) Raoul (*Id.*).

511. — SORTAIS Gaston (*Id.*).

512. — SOULLIER Eugène (*Id.*).

513. — SPILLMANN Joseph (*Stimmen*).

514. — TAMPÉ Wilfrid (*Études*).

515. — TORREND Jules (*Id.*).

516. — VAN DEN GHEYN Joseph (*Id.*).

517. — VAN MIERLO Joseph (*Het Belfort.*).

518. — VAN ORTROY Fr. (*Études. Revue des questions scientifiques*).

519. — VAN TRICHT Victor (*Revue des questions scientifiques*).

520. — WERNZ Fr.-Xavier (*Stimmen*).

521. — ZENNER Jean-Baptiste (*Stimmen, Zeitschrift*).

522. — ZIMMERMANN Athanase (*Stimmen, Zeitschrift*).

ANONYMES ET PSEUDONYMES

(*Études*)

523. — A. B.

524. — A. H.

525. — A. Fréry.

526. — C. S.

527. — D. G.

528. — E. D.

529. — E. Secré.

530. — F. P.

531. — H. Dartois.

532. — H. M.

533. — I. S.

534. — J. C.

535. — J. D.

536. — J. Dutel.

537. — J. Florian.

538. — J. J.

539. — J. Marquais.

540. — J. P.

541. — L. Declairvaux.

542. — L. Forgeot.

543.— L. S.

544. — M. C.

545. — P. B.

546. — P. Ducret.

547. — P. L.

548. — V. Ayran.

549. — V. M.

550. — X. de R.

N. B. — Pour d'autres Revues, les indications nous font défaut.

PUBLICATIONS D'AUTEURS ÉTRANGERS

RELATIVES A LA COMPAGNIE

551. — Les principes du droit public de l'Église, réduits à leur plus simple expression. — P. Camille TARQUINI, card. prêtre de la sainte Église romaine, suivis de la dissertation du même auteur sur le Placet royal. Trad. sur la 12e édit. par Aug. ONCLAIR, prêtre. 4e édit., revue et corrigée. In-8. Paris, Retaux, 1891. Prix : 3 fr. 50.

552. — Discorso in onore di S. Ignacio di Loiola fondatore della Cª di Gesu, del P. Maestro fra Gioseffo Maria PLATINA, minore conventuale. — Unico deposito presso l'Ufficio della Civ. Cattolica, Strada Quercia, 3, Napoli. — In-8 de 48 pages. Napoli, Stab. tipografico di Salvatore Marchese, 1891. Prix : 35 centimes.

553. — Le Jésuitisme et le Positivisme, par M. Pierre LAFFITTE, dans le nº 1 de la *Revue occidentale*, 1ᵉʳ janvier 1891, pp. 1-52. Paris, Société positiviste, 10, rue Monsieur-le-Prince.

> Écrit pour répondre à l'article critique du Cours de Philosophie première de M. Pierre Laffitte que le P. Ch. Delmas avait analysé dans la partie bibliographique des *Études*, mai 1890, pp. 338-341, ce travail est curieux par des vues d'ensemble sur l'esprit de la Compagnie ; on y rencontre l'amusante anecdote des avances qui furent faites au T. R. P. G. par les positivistes. Les idées sont antiphilosophiques et antireligieuses. Le style, malgré le fatras des expressions conventionnelles, est facile et agréable.

554. — Annales du Collège royal Bourbon d'Aix, depuis les premières démarches faites pour sa fondation jusqu'au 7 ventôse an III, époque de sa suppression, manuscrits et documents originaux publiés et annotés par l'abbé Édouard MÉCHIN, prêtre. T. I. Grand-in-8, 369 pages et planche. Marseille, imprimerie Evesque et Cie, 1891.

555. — Notice sur le Collège d'Aurillac. — M. Justin BOUQUIER. In-8 de 67 pages. — Ariullac, imp. E. Bancharel, 1891.

> Cette plaquette, très superficielle, renferme quelques pièces intéressantes sur la période relative à la direction du Collège par nos Pères (1619-1762).

**556. — Lettre du P. Théophile Raynaud à Mgr de La Motte-

Houdancourt, archevêque d'Auch, publiée et annotée par M. Tamizey de Larroque, dans la *Revue de Gasgogne*, n° de mars 1891,
pages 130-134.

> Datée de « Lion, 23 déc. 1662, » — Premiers mots : « *Le billet que le sieur
> Anisson...* » — Objet : Le P. Raynaud sollicite l'autorisation de dédier ses
> deux volumes d'*Heteroclita spiritualia* au prélat, grand protecteur des gens
> de lettres. Curieux détails sur l'édition des œuvres complètes du savant
> jésuite, en 19 vol. in-folio, qui était alors en cours de publication. L'original
> est conservé à la Bibl. Nat. f. fr., *Ms.* 2812, f° 256.

557. — Le R. P. Delsaulx, S. J. — M. P. Mansion.

> Notice biographique sur le P. Joseph-Delsaulx, décédé le 26 février 1891.
> Extrait du rapport annuel du secrétaire, lu à l'assemblée générale de la
> Société scientifique de Bruxelles, le mardi 7 avril 1891.
> *Revue des questions scientifiques*, avril 1891.

TABLE DES NOMS D'AUTEURS

DE CE FASCICULE

I. AUTEURS APPARTENANT A LA COMPAGNIE

Torrend (Jules), *Mission du Zambèze*, 515.

Thirion (Julien), *Belgique*, 220.

Thoelen (Henri), *Germanie*, 278.

Thurston (Herbert), *Angleterre*, 237.

Toth (Michel), *Autriche*, 410, 419.

Tustes (Joseph), *Toulouse*, 280.

Tyrrell (Georges), *Angleterre*, 322.

U

Urraburu (Jean-Joseph), *Castille*, 153.

V

Vagnozzi (Joseph), *Rome*, 273.

Valeur (Henri), *Champagne*, 335.

Van Born (Henri), *Hollande*, 374.

Van der Aa (Jean-Baptiste), *Belgique*, 10.

Van den Abeele (Charles), *Hollande*, 105.

Van den Anker (Sybrand), *Hollande*, 321, 440.

Van den Gheyn (Joseph), *Belgique*, 383, 516.

Van Gestel (Adrien), *Hollande*, 183.

Van Meurs (Jean-Baptiste), *Hollande*, 317.

Van Mierlo (Joseph), *Belgique*, 216, 517.

Van Nieuwenhoff (Guillaume), *Hollande*, 257.

Van Ortroy (François), *Belgique*, 518.

Van Tricht (Victor), *Belgique*, 220, 519.

Vasseur (Adolphe), *France*, 66.

Veer (Guillaume de), *Hollande*, 345.

Venturi (Hector), *Rome*, 247.

Vermeersch (Arthur), *Belgique*, 376.

Veres (Laurent), *Mexique*, 421.

Vieille (Victor), *Lyon*, 224.

Villaume (Édouard), *Champagne*, 219.

Viñes (Benito), *Castille*, 429.

W

Walrave (Joseph), *Belgique*, 288.

Wasmann (Eric), *Germanie*, 17, 18, 19, 192, 193, 194, 195, 196, 197, 198, 199, 200, 201, 202, 203, 204, 205.

Wernz (Fr.-Xavier), *Germanie*, 520.

Wilde (Clément), *Hollande*, 296.

Wilde (Guillaume), *Hollande*, 229.

Wilmers (Guillaume), *Germanie*, 113.

Wynne (Jean), *Angleterre*, 242.

Z

Zaborski (Ladislas), *Galicie*, 299.

Zalenski (Stanislas), *Galicie*, 301, 302.

Zenner (Jean-Baptiste), *Germanie*, 521.

Zimmermann (Athanase), *Germanie*, 522.

Anonymes :

523, 524, 525, 526, 527, 528, 529, 530, 531, 532, 533, 534, 535, 536, 537, 538, 539, 540, 541, 542, 543, 544, 545, 546, 547, 548, 549, 550.

II. AUTEURS ÉTRANGERS A LA COMPAGNIE

Bouquier (Justin), 555.

Chérion (Abbé), 335.

Laffitte (Pierre), 553.

Mansion (M.-P.), 557.

Méchin (Edouard), 554.

Onclair (Auguste), 551.

Platina (Gioseffo-Maria), 552.

Sterck (J.-F.-M.), 34.

Tamizey de Larroque, 556.

A. S., 37.

TABLE

SUPPLÉMENT AUX *ÉTUDES RELIGIEUSES*

MONITEUR BIBLIOGRAPHIQUE

DE LA

COMPAGNIE DE JÉSUS

1889

DEUXIÈME SEMESTRE : JUILLET-DÉCEMBRE

NUMÉRO 3

RÉDACTION

A PARIS, RUE MONSIEUR, 15

JANVIER 1890

AVIS

Le chiffre des maisons de la Compagnie qui ont souscrit à notre *Moniteur,* s'élève à peu près à deux cent cinquante. Nous ne doutons pas que plusieurs adhésions ne nous arrivent encore.

Mieux que toute considération, ce résultat prouve que notre œuvre a sa raison d'être et répond à un légitime désir du plus grand nombre d'entre nous.

Nous la poursuivrons donc en nous efforçant de la rendre de plus en plus parfaite. Toutefois, nous ne saurions y réussir sans le secours de nos Pères des diverses provinces et surtout des auteurs eux-mêmes. Nous leur serons reconnaissants de nous signaler leurs publications, pour que, à notre tour, nous puissions les faire connaître à la Compagnie tout entière.

Nous rappelons les indications nécessaires dans un Catalogue bibliographique :

1° Titre au complet (traduit en latin ou en français, quand il s'agit d'une langue peu connue) ; — 2° *Les noms* de l'auteur ; — 3° Le format et le nombre de pages ; — 4° Le nom de la ville et celui de l'éditeur ; 5° La date ; — 6° Le prix.

Une note de quelques lignes ne serait pas déplacée quand il s'agit d'un écrit de quelque importance.

Nous prions tout spécialement nos Pères de nous faire connaître les écrits relatifs à la Compagnie publiés par des étrangers.

Nos Pères comprendront aisément que les communications qui nous sont transmises en langues étrangères doivent être écrites très lisiblement, pour que l'on puisse éviter des fautes souvent grossières et toujours regrettables.

Toute la correspondance doit être adressée au Directeur des *Études,* rue Monsieur, 15, à Paris.

SUPPLÉMENT AUX *ÉTUDES*

MONITEUR BIBLIOGRAPHIQUE

DE LA

COMPAGNIE DE JÉSUS

1890

PREMIER SEMESTRE : JANVIER-JUIN

NUMÉRO 4

RÉDACTION

A PARIS, RUE MONSIEUR, 15

JUILLET 1890

AVIS

Le chiffre des maisons de la Compagnie qui ont souscrit à notre *Moniteur*, dépasse deux cent cinquante.

Mieux que toute considération, ce résultat prouve que notre œuvre a sa raison d'être et répond à un légitime désir du plus grand nombre d'entre nous.

Nous la poursuivrons donc en nous efforçant de la rendre de plus en plus parfaite. Toutefois, nous ne saurions y réussir sans le secours de nos Pères des diverses provinces et surtout des auteurs eux-mêmes. Nous leur serons reconnaissants de nous signaler leurs publications, pour que, à notre tour, nous puissions les faire connaître à la Compagnie tout entière.

Nous rappelons les indications nécessaires dans un Catalogue bibliographique :

1° Titre au complet (avec la traduction en latin ou en français, quand il s'agit d'une langue peu connue); — 2° *Les noms* de l'auteur; — 3° Le format et le nombre de pages; — 4° Le nom de la ville et celui de l'éditeur; — 5° La date ; — 6° Le prix.

Une note de quelques lignes ne serait pas déplacée quand il s'agit d'un écrit de quelque importance.

Nous prions tout spécialement nos Pères de nous faire connaître les écrits relatifs à la Compagnie publiés par des étrangers.

Nos Pères comprendront aisément que les communications qui nous sont transmises en langues étrangères doivent être écrites très lisiblement, pour que l'on puisse éviter des fautes souvent grossières et toujours regrettables.

Toute la correspondance doit être adressée au Directeur des *Études*, rue Monsieur, 15, à Paris.

SUPPLÉMENT AUX *ÉTUDES*

MONITEUR BIBLIOGRAPHIQUE

DE LA

COMPAGNIE DE JÉSUS

1890

SECOND SEMESTRE : JUILLET-DÉCEMBRE

NUMÉRO 5

RÉDACTION

A PARIS, RUE MONSIEUR, 15

JUIN 1891

AVIS

On nous permettra de rappeler que le Menstruel, ayant pour unique but de tenir la Compagnie au courant de ... la littérature de ses membres, est exclusivement destiné aux Nôtres et ... ne ... pas être communiqué sans raison grave aux étrangers.

Nous désirons le rendre aussi complet que possible sans nous croire obligés à l'insertion de certains écrits de minime importance, qui grossiraient inutilement nos livraisons, comme par exemple de simples feuilles de propagande, etc.

Nous inscrirons volontiers en appendice, quand on nous les signalera, les publications d'auteurs non jésuites, ayant trait aux hommes ou aux choses de la Compagnie.

Quoique la Rédaction soit établie dans un grand centre de publicité, on comprendra qu'il nous est impossible de recueillir par nous-mêmes tous les renseignements utiles, soit pour l'Étranger, soit pour la France. Nous remercions vivement ceux des Nôtres qui ont la charité de nous faire connaître ce qui se publie dans leurs provinces respectives. En attendant que cet usage devienne plus général, nous sommes forcément réduits, sur beaucoup de points, aux données que veulent bien nous fournir les auteurs ou les Pères Socii.

Les Nôtres sont priés de nous aider à corriger les fautes qui nous échappent. Il est des erreurs ou des lacunes que nous ne pouvons éviter, soit parce que nous ne connaissons les ouvrages que par des indications manuscrites trop peu lisibles, soit parce que les Catalogues de province nous font défaut.

Les indications bibliographiques dont nous avons besoin comprennent :

1º Le *titre* en entier (texte original et traduction latine ou française); 2º Le *prénom* et le *nom* de l'auteur; 3º Le *format* et le nombre de *pages*; 4º Le nom de la *ville*, de l'*éditeur*, et la date; — 5º Le *prix*.

L'éditeur des ÉTUDES n'est pour rien dans la publication du Menstruel. Tout ce qui concerne ce Supplément doit être adressé à Paris, rue Monsieur, 15. La procure de la province de France, à moins d'avis contraire, se charge de recouvrer sans frais le prix de l'abonnement annuel, qui est de 5 francs.

N. B. La même procure se charge d'acquitter les abonnements de nos maisons aux ÉTUDES et à la PARTIE BIBLIOGRAPHIQUE, mais seulement sur ordre exprès, notifié en temps convenable et par écrit soit au Procureur de province soit au Gérant des ÉTUDES. Les maisons à qui ce mode de paiement n'agrée pas, voudront bien se libérer directement par mandats-poste : l'entremise des libraires nous fait perdre inutilement une somme appréciable et offre d'autres inconvénients.

Le Gérant,

P.-P. BRUCKER, S. J.

SUPPLÉMENT AUX ÉTUDES

MONITEUR BIBLIOGRAPHIQUE

DE LA

COMPAGNIE DE JÉSUS

1891

PREMIER SEMESTRE : JANVIER-JUIN

NUMÉRO 6

RÉDACTION

A PARIS, RUE MONSIEUR, 15

OCTOBRE 1892

AVIS

On nous permettra de rappeler que le MONITEUR, ayant pour unique but de tenir la Compagnie au courant des travaux littéraires de ses membres, est exclusivement destiné aux Nôtres et ne doit pas être communiqué sans raison grave aux étrangers.

Nous désirons le rendre aussi complet que possible, sans nous croire obligés à l'insertion de certains écrits de minime importance, qui grossiraient inutilement nos livraisons, comme par exemple de simples feuilles de propagande, etc.

Nous inscrirons volontiers en appendice, quand on nous les signalera, les publications d'auteurs non jésuites, ayant trait aux hommes ou aux choses de la Compagnie.

Quoique la Rédaction soit établie dans un grand centre de publicité, on comprendra qu'il nous est impossible de recueillir par nous-mêmes tous les renseignements utiles, soit pour l'Étranger, soit pour la France. Nous remercions vivement ceux des Nôtres qui ont la charité de nous faire connaître ce qui se publie dans leurs provinces respectives. En attendant que cet usage devienne plus général, nous sommes forcément réduits, sur beaucoup de points, aux données que veulent bien nous fournir les auteurs ou les Pères *Socii.*

Les Nôtres sont priés de nous aider à corriger les fautes qui nous échappent. Il est des erreurs ou des lacunes que nous ne pouvons éviter, soit parce que nous ne connaissons les ouvrages que par des indications manuscrites trop peu lisibles, soit parce que les Catalogues de province nous font défaut.

Les indications bibliographiques dont nous avons besoin comprennent :

1° Le *titre* en entier (texte original et traduction latine ou française) ;
2° Le *prénom* et le *nom* de l'auteur ; — 3° Le *format* et le nombre de *pages* ;
4° Le *nom* de la *ville*, de l'*éditeur*, et la *date* ; — 5° Le *prix*.

L'éditeur des ÉTUDES n'est pour rien dans la publication du MONITEUR. Tout ce qui concerne ce Supplément doit être adressé à Paris, rue Monsieur, 15. La procure de la province de France, *à moins d'avis contraire*, se charge de recouvrer sans frais le prix de l'abonnement annuel, qui est de 5 francs.

N. B. — La même procure se charge d'acquitter les abonnements de nos maisons aux ÉTUDES et à la PARTIE BIBLIOGRAPHIQUE, mais seulement *sur ordre exprès*, notifié en temps convenable et par écrit soit au Procureur de province soit au Gérant des ÉTUDES. Les maisons à qui ce mode de paiement n'agrée pas voudront bien se libérer directement par mandats-poste : l'entremise des libraires nous fait perdre inutilement une somme appréciable et offre d'autres inconvénients.

Le Gérant,

C. GIVELET. S. J.